Else Lasker-Schüler · Die Gedichte & Essays

ELSE LASKER-SCHÜLER

DIE
GEDICHTE
& ESSAYS

Herausgegeben von
Katinka & Fritz van Eycken

HAFFMANS VERLAG
BEI ZWEITAUSENDEINS

1. Auflage, April 2016

Titelvignette von der Dichterin.
Gestaltung & Herstellung von Urs Jakob,
Werkstatt im Grünen Winkel, CH-8400 Winterthur.
Satz: Fotosatz Amann, Memmingen.
Druck & Bindung: Ebner & Spiegel, Ulm.
Printed in Germany.

Dieses Buch gibt es nur bei Zweitausendeins im Versand,
Karl-Tauchnitz-Straße 6, D-04107 Leipzig.
Telefon 069-420-8000, Fax 069-415003.
Internet www.Zweitausendeins.de,
E-Mail info@Zweitausendeins.de.
Oder in den Zweitausendeins-Läden
in Augsburg, Berlin, Braunschweig, Bremen,
Darmstadt, Dortmund, Erfurt, Frankfurt am Main, Freiburg,
Göttingen, Hamburg, Hannover, Karlsruhe, Mannheim,
Marburg, Münster, Neustadt an der Weinstraße, Oldenburg,
Ulm & Weil am Rhein.

ISBN 978-3-86150-994-3

Inhalt

STYX

Axel Juncker Verlag, Berlin 1902.
Meinen teuren Eltern zur Weihe.

CHRONICA

(Meinen Schwestern zu eigen)

Mutter und Vater sind im Himmel
Und sprühen ihre Kraft
An singenden Fernen vorbei,
An spielenden Sternen vorbei
    Auf mich nieder.
Himmel bebender Leidenschaft
    Prangen auf,
O, meine ganze Sehnsucht reisst sich auf
Durch goldenes Sonnenblut zu gleiten!
Fühle Mutter und Vater wiederkeimen
Auf meinen ahnungsbangen Mutterweiten.
    Drei Seelen breiten
Aus stillen Morgenträumen
Zum Gottland ihre Wehmut aus.
Denn drei sind wir Schwestern,
Und die vor mir träumten schon in Sphinxgestalten
    Zu Pharaozeiten.
Mich formte noch im tiefsten Weltenschooss
    Die schwerste Künstlerhand.
Und wisset, wer meine Brüder sind!
Sie waren die drei Könige, die gen Osten zogen
Dem weissen Sterne nach durch brennenden Wüstenwind.
Aber acht Schicksale wucherten aus unserem Blut
Und lauern hinter unseren Himmeln:
Vier plagen uns im Abendrot,
Vier verdunkeln uns die Morgenglut,
Sie brachten über uns Hungersnot
Und Herzensnot und Tod!
Und es steht:
Über unserem letzten Grab ihr Fortleben noch,

Den Fluch über alle Welten zu weben,
Sich ihres Bösen zu freuen.
Aber die Winde werden einst ihren Staub scheuen.
    Satanas miserere eorum!!

MUTTER

Ein weisser Stern singt ein Totenlied
  In der Julinacht,
Wie Sterbegeläut in der Julinacht.
Und auf dem Dach die Wolkenhand,
Die streifende, feuchte Schattenhand
Sucht nach meiner Mutter.
Ich fühle mein nacktes Leben,
Es stösst sich ab vom Mutterland,
So nackt war nie mein Leben,
So in die Zeit gegeben,
Als ob ich abgeblüht
Hinter des Tages Ende,
  Versunken
Zwischen weiten Nächten stände,
Von Einsamkeiten gefangen.
Ach Gott! Mein wildes Kindesweh!
… Meine Mutter ist heimgegangen.

WELTFLUCHT

Ich will in das Grenzenlose
   Zu mir zurück,
Schon blüht die Herbstzeitlose
   Meiner Seele,
Vielleicht – ist's schon zu spät zurück!
O, ich sterbe unter Euch!
Da Ihr mich erstickt mit Euch.
Fäden möchte ich um mich ziehn –
Wirrwarr endend!
   Beirrend,
Euch verwirrend,
   Um zu entfliehn
      Meinwärts!

EIFERSUCHT

Denk' mal, wir beide
Zwischen feurigem Zigeunervolk
    Auf der Haide!
Ich zu Deinen Füßen liegend,
Du die Fiedel spielend,
    Meine Seele einwiegend,
Und der brennende Steppenwind
    Saust um uns!

… Aber die Mariennacht verschmerz' ich nicht!
    Die Mariennacht –
Da ich Dich sah
    Mit der Einen …
Wie duftendes Schneien
    Fielen die Blüten von den Bäumen.
Die Mariennacht verschmerz' ich nicht,
Die blonde Blume in Deinen Armen nicht!

FRÜHLING

Wir wollen wie der Mondenschein
Die stille Frühlingsnacht durchwachen,
Wir wollen wie zwei Kinder sein,
Du hüllst mich in Dein Leben ein
Und lehrst mich so, wie Du, zu lachen.

Ich sehnte mich nach Mutterlieb'
Und Vaterwort und Frühlingsspielen,
Den Fluch, der mich durch's Leben trieb,
Begann ich, da er bei mir blieb,
Wie einen treuen Feind zu lieben.

Nun blühn die Bäume seidenfein
Und Liebe duftet von den Zweigen.
Du mußt mir Mutter und Vater sein
Und Frühlingsspiel und Schätzelein!
– – Und ganz mein Eigen …

DIE SCHWARZE BHOWANÉH
(Die Göttin der Nacht)
(Zigeunerlied)

Meine Lippen glühn
Und meine Arme breiten sich aus wie Flammen!
Du mußt mit mir nach Granada ziehn
In die Sonne, aus der meine Gluten stammen …
Meine Ader schmerzt
Von der Wildheit meiner Säfte,
Von dem Toben meiner Kräfte.

Granatäpfel prangen
Heiss, wie die Lippen der Nacht!
Rot, wie die Liebe der Nacht!
Wie der Brand meiner Wangen.

Auf dem dunklen Schein
Meiner Haut schillern Muscheln auf Schnüre gezogen,
Und Perlen von sonnenfarb'gem Bernstein
Durchglühn meine Zöpfe wie Feuerwogen.
Meine Seele bebt,
Wie eine Erde bebt und sich aufthut
Dürstend nach Luft! Nach säuselnder Flut!

Heisse Winde stöhnen,
Wie der Odem der Sehnsucht,
Verheerend wie die Qual der Sehnsucht …
Und über die Felsen Granadas dröhnen
Die Lockrufe der schwarzen Bhowanéh!

MEINE SCHAMRÖTE

Du! Sende mir nicht länger den Duft,
Den brennenden Balsam
Deiner süssen Gärten zur Nacht!
Auf meinen Wangen blutet die Scham
Und um mich zittert die Sommerluft.

Du ... wehe Kühle auf meine Wangen
Aus duftlosen, wunschlosen
Gräsern zur Nacht.
Nur nicht länger den Hauch Deiner sehnenden Rosen,
    Er quält meine Scham.

TRIEB

Es treiben mich brennende Lebensgewalten,
Gefühle, die ich nicht zügeln kann,
Und Gedanken, die sich zur Form gestalten,
Fallen mich wie Wölfe an!

Ich irre durch duftende Sonnentage …
Und die Nacht erschüttert von meinem Schrei.
Meine Lust stöhnt wie eine Marterklage
Und reisst sich von ihrer Fessel frei.

Und schwebt auf zitternden, schimmernden Schwingen
Dem sonn'gen Thal in den jungen Schoss,
Und läßt sich von jedem Mai'nhauch bezwingen
Und giebt der Natur sich willenlos.

SYRINXLIEDCHEN

Die Palmenblätter schnellen wie Viperzungen
In die Kelche der roten Gladiolen,
Und die Mondsichel lacht
Wie ein Faunsaug' verstohlen.

Die Welt hält das Leben umschlungen
Im Strahl des Saturn
Und durch das Träumen der Nacht
Sprüht es purpurn.

Jüx! Wollen uns im Schilfrohr
Mit Binsen aneinander binden
Und mit der Morgenröte Frühlicht
Den Süden unserer Liebe ergründen!

NERVUS EROTIS

Dass uns nach all' der heissen Tagesglut
Nicht eine Nacht gehört …
Die Tuberosen färben sich mit meinem Blut,
Aus ihren Kelchen lodert's brandrot!

Sag' mir, ob auch in Nächten Deine Seele schreit,
Wenn sie aus bangem Schlummer auffährt,
Wie wilde Vögel schreien durch die Nachtzeit.

Die ganze Welt scheint rot,
Als ob des Lebens weite Seele blutet.
Mein Herz stöhnt wie das Leid der Hungersnot,
Aus roten Geisteraugen stiert der Tod!

Sag' mir, ob auch in Nächten Deine Seele klagt,
Vom starken Tuberosenduft umflutet,
Und an dem Nerv des bunten Traumes nagt.

WINTERNACHT
(Cellolied)

Ich schlafe tief in starrer Winternacht,
Mir ist, ich lieg' in Grabesnacht,
Als ob ich spät um Mitternacht gestorben sei
Und schon ein Sternenleben tot sei.

Zu meinem Kinde zog mein Glück
Und alles Leiden in das Leid zurück,
Nur meine Sehnsucht sucht sich heim
Und zuckt wie zähes Leben
Und stirbt zurück
   In sich.

Ich schlafe tief in starrer Winternacht,
Mir ist, ich lieg' in Grabesnacht.

URFRÜHLING

Sie trug eine Schlange als Gürtel
Und Paradiesäpfel auf dem Hut,
Und meine wilde Sehnsucht
Raste weiter in ihrem Blut.

Und das Ursonnenbangen,
Das Schwermüt'ge der Glut
Und die Blässe meiner Wangen
Standen auch ihr so gut.

Das war ein Spiel der Geschicke
Ein's ihrer Rätseldinge …
Wir senkten zitternd die Blicke
In die Märchen unserer Ringe.

Ich vergass meines Blutes Eva
Über all' diesen Seelenklippen,
Und es brannte das Rot ihres Mundes,
Als hätte ich Knabenlippen.

Und das Abendröten glühte
Sich schlängelnd am Himmelssaume,
Und vom Erkenntnisbaume
Lächelte spottgut die Blüte.

MAIROSEN
(Reigenlied für die großen Kinder)

Er hat seinen heiligen Schwestern versprochen,
Mich nicht zu verführen,
Zwischen Mairosen hätte er fast
    Sein Wort gebrochen,
Aber er machte drei Kreuze
Und ich glaubte heiss zu erfrieren.

Nun lieg' ich im düst'ren Nadelwald,
Und der Herbst saust kalte Nordostlieder
Über meine Lenzglieder.

Aber wenn es wieder warm wird,
Wünsch' ich den heiligen Schwestern beid'
    Hochzeit
Und wir – spielen dann unter den Mairosen …

DANN

… Dann kam die Nacht mit Deinem Traum
Im stillen Sternebrennen.
Und der Tag zog lächelnd an mir vorbei,
Und die wilden Rosen atmeten kaum.

Nun sehn' ich mich nach Traumesmai,
Nach Deinem Liebeoffenbaren.
Möchte an Deinem Munde brennen
Eine Traumzeit von tausend Jahren.

ABEND

Es riss mein Lachen sich aus mir,
Mein Lachen mit den Kinderaugen,
Mein junges, springendes Lachen
Singt Tag der dunklen Nacht vor Deiner Thür.

Es kehrte aus mir ein, in Dir
Zur Lust Dein Trübstes zu entfachen –
Nun lächelt es wie Greisenlachen
    Und leidet Jugendnot.
Mein tolles, übermütiges Frühlingslachen
    Träumt von Tod.

KARMA

Hab' in einer sternlodernden Nacht
Den Mann neben mir um's Leben gebracht.

Und als sein girrendes Blut gen Morgen rann,
Blickte mich düster sein Schicksal an.

ORGIE

Der Abend küsste geheimnisvoll
  Die knospenden Oleander.
Wir spielten und bauten Tempel Apoll
Und taumelten sehnsuchtsübervoll
  Ineinander.
Und der Nachthimmel goss seinen schwarzen Duft
In die schwellenden Wellen der brütenden Luft,
  Und Jahrhunderte sanken
  Und reckten sich
Und reihten sich wieder golden empor
Zu sternenverschmiedeten Ranken.
Wir spielten mit dem glücklichsten Glück,
Mit den Früchten des Paradiesmai,
Und im wilden Gold Deines wirren Haars
Sang meine tiefe Sehnsucht
  Geschrei,
Wie ein schwarzer Urwaldvogel.
Und junge Himmel fielen herab,
Unersehnbare, wildsüsse Düfte;
Wir rissen uns die Hüllen ab
  Und schrieen!
Berauscht vom Most der Lüfte.
Ich knüpfte mich an Dein Leben an,
Bis dass es ganz in ihm zerrann,
Und immer wieder Gestalt nahm
Und immer wieder zerrann.
Und unsere Liebe jauchzte Gesang,
Zwei wilde Symphonieen!

FIEBER

Es weht von Deinen Gärten her der Duft,
Wie trockner Südwind über mein Gesicht.
O, diese heisse Not in meiner Nacht!
Ich trinke die verdorrte Feuerluft
  Meiner Brände.

Aus meinem schlummerlosen Auge flammt
Ein grelles, ruheloses Licht,
Wie Irrlichtflackern durch die Nacht.
Ich weiß, ich bin verdammt
Und fall' aus Himmelshöhen in Deine Hände.

DASEIN

Hatte wogendes Nachthaar,
Liegt lange schon wo begraben.
Hatte zwei Augen wie Bäche klar,
Bevor die Trübsal mein Gast war,
Hatte Hände muschelrotweiss,
Aber die Arbeit verzehrte ihr Weiss.
Und einmal kommt der Letzte,
Der senkt den unabänderlichen Blick
Nach meines Leibes Vergänglichkeit
Und wirft von mir alles Sterben.
Und es atmet meine Seele auf
Und trinkt das Ewige …

SINNENRAUSCH

Dein sünd'ger Mund ist meine Totengruft,
Betäubend ist sein süsser Atemduft,
Denn meine Tugenden entschliefen.
Ich trinke sinnberauscht aus seiner Quelle
Und sinke willenlos in ihre Tiefen,
Verklärten Blickes in die Hölle.

Mein heißer Leib erglüht in seinem Hauch,
Er zittert, wie ein junger Rosenstrauch,
Geküsst vom warmen Maienregen.
– Ich folge Dir ins wilde Land der Sünde
Und pflücke Feuerlilien auf den Wegen,
– Wenn ich die Heimat auch nicht wiederfinde …

SEIN BLUT

Am liebsten pflückte er meines Glückes
   Letzte Rose im Maien
Und würfe sie in den Rinnstein.
   ... Sein Blut plagt ihn.

Am liebsten lockte er meiner Seele
   Zitternden Sonnenstrahl
In seine düst're Nächtequal.

Am liebsten griff er mein spielendes Herz
   Aus wiegendem Lenzhauch
Und hing es auf wo an einem Dornstrauch.
   ... Sein Blut plagt ihn.

VIVA!

Mein Wünschen sprudelt in der Sehnsucht meines Blutes
Wie wilder Wein, der zwischen Feuerblättern glüht.
Ich wollte, Du und ich, wir wären eine Kraft,
Wir wären eines Blutes
Und ein Erfüllen, eine Leidenschaft,
Ein heisses Weltenliebeslied!

Ich wollte, Du und ich, wir würden uns verzweigen,
Wenn sonnentoll der Sommertag nach Regen schreit
Und Wetterwolken bersten in der Luft!
Und alles Leben wäre unser Eigen;
Den Tod selbst rissen wir aus seiner Gruft
Und jubelten durch seine Schweigsamkeit!

Ich wollte, dass aus unserer Kluft sich Massen
Wie Felsen aufeinandertürmen und vermünden
In einen Gipfel, unerreichbar weit!
Dass wir das Herz des Himmels ganz erfassen
Und uns in jedem Hauche finden
Und überstrahlen alle Ewigkeit!

Ein Feiertag, an dem wir ineinanderrauschen,
Wir beide ineinanderstürzen werden,
Wie Quellen, die aus steiler Felshöh' sich ergiessen
In Wellen, die dem eignen Singen lauschen
Und plötzlich niederbrausen und zusammenfliessen
In unzertrennbar, wilden Wasserheerden!

EROS

O, ich liebte ihn endlos!
Lag vor seinen Knie'n
Und klagte Eros
   Meine Sehnsucht.
O, ich liebte ihn fassungslos.
Wie eine Sommernacht
   Sank mein Kopf
Blutschwarz auf seinen Schoss
Und meine Arme umloderten ihn.
Nie schürte sich so mein Blut zu Bränden,
Gab mein Leben hin seinen Händen,
Und er hob mich aus schwerem Dämmerweh.
Und alle Sonnen sangen Feuerlieder
   Und meine Glieder
Glichen
   Irrgewordenen Lilien.

DEIN STURMLIED

Brause Dein Sturmlied Du!
Durch meine Liebe,
Durch mein brennendes All.
Verheerend, begehrend,
   Dröhnend wiedertönend
   Wie Donnerhall!

Brause Dein Sturmlied Du!
Und lösche meine Feuersbrunst,
Denn ich ersticke in Flammendunst.
Mann mit den ehernen Zeusaugen,
   Grolle Gewitter,
Entlade Wolken auf mich.
Und wie eine Hochsommererde
   Werde ich
   Aufsehnend
Die Ströme einsaugen.
Brause Dein Sturmlied Du!

DAS LIED DES GESALBTEN

Zebaoth spricht aus dem Abend:
Verschwenden sollst Du mit Liebe!
Denn ich will Dir Perlen meiner Krone schenken,
In goldträufelnden Honig Dein Blut verwandeln.
Und Deine Lippen mit den Düften süßer Mandeln
   tränken.

Verschwenden sollst Du mit Liebe!
Und mit schmelzendem Jubel meine Feste umgolden
Und die Schwermut, die über Jerusalem trübt,
Mit singenden Blütendolden umkeimen.

Ein prangender Garten wird Dein Herz sein,
Darin die Dichter träumen.
O, ein hängender Garten wird Dein Herz sein,
Aller Sonnen Aufgangheimat sein,
Und die Sterne kommen, ihren Flüsterschein
Deinen Nächten sagen.
Ja, tausend greifende Äste werden Deine Arme tragen,
Und meinem Paradiesheimweh wiegende Troste sein!

SULAMITH

O, ich lernte an Deinem süssen Munde
Zu viel der Seligkeiten kennen!
Schon fühl' ich die Lippen Gabriels
   Auf meinem Herzen brennen …
Und die Nachtwolke trinkt
Meinen tiefen Cederntraum.
O, wie Dein Leben mir winkt!
   Und ich vergehe
Mit blühendem Herzeleid
Und verwehe im Weltraum,
   In Zeit,
   In Ewigkeit,
Und meine Seele verglüht in den Abendfarben
   Jerusalems.

KÜHLE

In den weißen Gluten
Der hellen Rosen
Möchte ich verbluten.

Doch auf den Teichen
Warten die starren, seelenlosen Wasserrosen,
Um meiner Sehnsucht Kühle zu reichen.

CHAOS

Die Sterne fliehen schreckensbleich
Vom Himmel meiner Einsamkeit,
Und das schwarze Auge der Mitternacht
Starrt näher und näher.

Ich finde mich nicht wieder
In dieser Todverlassenheit!
Mir ist: ich lieg' von mir weltenweit
Zwischen grauer Nacht der Urangst …

Ich wollte, ein Schmerzen rege sich
Und stürze mich grausam nieder
Und riß mich jäh an mich!
Und es lege eine Schöpferlust
Mich wieder in meine Heimat
   Unter der Mutterbrust.

Meine Mutterheimat ist seeleleer,
Es blühen dort keine Rosen
Im warmen Odem mehr. –
…. Möcht einen Herzallerliebsten haben!
Und mich in seinem Fleisch vergraben.

MEIN BLICK

Ich soll Dich anseh'n,
   Immerzu.
Aber mein Blick irrt über alles Sehen weit,
Floh himmelweit, ferner als die Ewigkeit.
Du! locke ihn mit Deiner Sehnsucht Sonnenschein, –
Er wird mir selbst ein Hieroglyph geworden sein.

LENZLEID

Dass Du Lenz gefühlt hast
Unter meiner Winterhülle,
Dass Du den Lenz erkannt hast
   In meiner Todstille.
Nicht wahr, das ist Gram
Winter sein, eh' der Sommer kam,
Eh' der Lenz sich ausgejauchzt hat.

O, Du! schenk' mir Deinen gold'nen Tag
Von Deines Blutes blühendem Rot.
Meine Seele friert vor Hunger,
Ist satt vom Reif.
O, Du! giesse Dein Lenzblut
   Durch meine Starre,
Durch meinen Scheintod.
   Sieh, ich harre
Schon Ewigkeiten auf Dich!

VERDAMMNIS

Krallen reissen meine Glieder auf
Und Lippen nagen an meinem Traumschlaf.
Weh Deinem Schicksal und dem meinen,
Das sich im Zeichen böser Sterne traf.
Meine Sehnsucht schreit zu diesen Sternen auf
Und erstarrt im Morgenscheinen –
    Und ich weine
    Zu den Höllen.

Schenk' mir Deine Arme eine Nacht,
Die so frischen Odem strömen
Wie zwei nordische Meereswellen.
Dass, wenn ich aus Finsternis erwacht,
Mich nicht böse Geister treten,
Ich nicht einsam bin mit meinem Grämen.
Zu den Himmeln fleh' ich jede Nacht,
Doch der Satan hetzt die Teufel auf mein Beten.

WELTSCHMERZ

Ich, der brennende Wüstenwind,
Erkaltete und nahm Gestalt an.

Wo ist die Sonne, die mich auflösen kann,
Oder der Blitz, der mich zerschmettern kann!

Blick' nun: ein steinernes Sphinxhaupt,
Zürnend zu allen Himmeln auf.

Hab' an meine Glutkraft geglaubt.

MEIN DRAMA

Mit allen duftsüssen Scharlachblumen
Hat er mich gelockt,
Keine Nacht mehr hielt ich es im engen Zimmer aus,
Liebeskrumen stahl ich mir vor seinem Haus
Und sog mein Leben, ihn ersehnend, aus.
Es weint ein blasser Engel leis' in mir
Versteckt – ich glaube tief in meiner Seele,
   Er fürchtet sich vor mir.
Im wilden Wetter sah ich mein Gesicht!
Ich weiß nicht wo, vielleicht im dunklen Blitz,
Mein Auge stand wie Winternacht im Antlitz,
Nie sah ich grimmigeres Leid.
… Mit allen duftsüssen Scharlachblumen
  Hat er mich gelockt,
Es regt sich wieder weh in meiner Seele
Und leitet mich durch all' Erinnern weit.
Sei still, mein wilder Engel mein,
   Gott weine nicht
  Und schweige von dem Leid,
Mein Schmerzen soll sich nicht entladen,
Keinen Glauben hab' ich mehr an Weib und Mann,
Den Faden, der mich hielt mit allem Leben,
Hab' ich der Welt zurückgegeben
   Freiwillig!
Aus allen Sphinxgesteinen wird mein Leiden brennen,
Um alles Blühen lohen, wie ein dunkler Bann.
Ich sehne mich nach meiner blind verstoss'nen Einsamkeit,
Trostsuchend, wie mein Kind, sie zu umfassen,
Lernte meinen Leib, mein Herzblut und ihn hassen,
   Nie so das Evablut kennen
   Wie in Dir, Mann!

STERNE DES FATUMS

Deine Augen harren vor meinem Leben
Wie Nächte, die sich nach Tagen sehnen,
Und der schwüle Traum liegt auf ihnen
    Unergründet.

Seltsame Sterne starren zur Erde,
Eisenfarb'ne mit Sehnsuchtsschweifen,
Mit brennenden Armen, die Liebe suchen
Und in die Kühle der Lüfte greifen.

Sterne in denen das Schicksal mündet.

STERNE DES TARTAROS

Warum suchst Du mich in unseren Nächten
In Wolken des Hasses auf bösen Sternen!
Lass mich allein mit den Geistern fechten.

Sie schnellen vorbei auf Geyerschwingen
Aus längst vergess'nen Wildlandfernen.
Eiswinde durch Lenzessingen.

Und Du vergisst die Gärten der Sonne
Und blickst gebannt in die Todestrübe.
Ach, was irrst Du hinter meiner Not!

DU, MEIN
(Meinem Bruder Paul zu eigen)

Der Du bist auf Erden gekommen,
    Mich zu erlösen
        Aus aller Pein,
    Aus meiner Furie Blut,
Du, der Du aus Sonnenschein
        Geboren bist,
Vom glücklichsten Wesen
        Der Gottheit
    Genommen bist,
Nimm mein Herz zu Dir
        Und küsse meine Seele
        Vom Leid
            Frei.

FORTISSIMO

Du spieltest ein ungestümes Lied,
Ich fürchtete mich nach dem Namen zu fragen,
Ich wusste, er würde das alles sagen,
Was zwischen uns wie Lava glüht.

Da mischte sich die Natur hinein
In unsere stumme Herzensgeschichte,
Der Mondvater lachte mit Vollbackenschein,
Als machte er komische Liebesgedichte.

Wir lachten heimlich im Herzensgrund,
Doch unsere Augen standen in Thränen
Und die Farben des Teppichs spielten bunt
In Regenbogenfarbentönen.

Wir hatten beide dasselbe Gefühl,
Der Smyrnateppich wäre ein Rasen,
Und die Palmen über uns fächelten kühl,
Und unsere Sehnsucht begann zu rasen.

Und unsere Sehnsucht riss sich los
Und jagte uns mit Blutsturmwellen:
Wir sanken in das Smyrnamoos
Urwild und schrieen wie Gazellen.

DER GEFALLENE ENGEL
(St. Petrus Hille zu eigen)

Des Nazareners Lächeln strahlt aus Deinen Mienen,
Und meine Lippen öffnen sich mit Zagen,
Wie gift'ge Blüten, die dem Satan dienen
Und scheu den Lenzwind nach dem Himmel fragen.
Die heisse Sehnsucht hat mich tief gebräunt,
In kühler Not erstarrte meine Seele,
Ein Wetter stählte mein Gewissen!

Es wachsen Sträucher blütenlos auf meinen Wegen
Wie Schatten, die verbot'ne Thaten werfen,
Und meine Träume tränkt ein blut'ger Regen
Und reizt mit seinem Schein zum Laster meine Nerven.
Die Unschuld hat an meinem Bett geweint,
Und rang und klagte dann um meine Seele
Und pflanzte Trauerrosen um mein Kissen.

Siehst Du den Kettenring an meinem Finger –
Sein Stein erblindete, sein blaues Scheinen,
Vielleicht verlor ihn mal ein Gottesjünger
Auf seinem Pfade hoch in Felsgesteinen.
Und diese roten, feurigen Granaten
Gab mir ein Königgreis für meine Nächte,
Wie heisse Tropfen auf die Schnur gereiht.

Der Sonnenuntergang erzählt im Westen
Von späten Rosen, die ergrauen müssen
Im Herbste unter morschem Laub und Ästen,
Und nichts vom Sonnenglanz des Sommers wissen,
Als Sünderinnen sterben für die Thaten
Der eitelen Natur, die duften möchte
Noch in der späten Winterabendzeit.

Darf ich mit Dir auf weiten Höhen schreiten!
Hand in Hand, Du und ich, wie Kinder …
Wenn aus dem Abendhimmel wilde Sterne gleiten
Durch's tiefe Blauschwarz, wie verstoss'ne Sünder,
Und scheu in Gärten fallen, die voll Orchideen
Und stummen Blüten steh'n
In gold'nen Hüllen.

Und in den Kronen schlanker Märchenbäume
Harrt meine Unschuld unter Wolkenflor,
Und meine ersten, holden Kinderträume
Erwachen vor dem gold'nen Himmelsthor.
Und wenn wir einst ins Land des Schweigens gehen,
Der schönste Engel wird mein Heil erfleh'n
Um Deiner Liebe willen.

MEIN KIND

Mein Kind schreit auf um die Mitternacht
Und ist so heiss aus dem Traum erwacht
Wie meine sehnende Jugend.

Gäb' ihm so gern meines Blutes Mai,
Spräng' nur mein bebendes Herz entzwei.

– Der Tod schleicht im Hyänenfell
Am Himmelsstreif im Mondeshell.

Aber die Erde im Blütenkeusch
Singt Lenz im kreisenden Weltgeräusch.

Und wundersüss küsst der Maienwind
Als duftender Gottesbote mein Kind.

'Αθάνατοι

Du, ich liebe Dich grenzenlos!
Über alles Lieben, über alles Hassen!
Möchte Dich wie einen Edelstein
In die Strahlen meiner Seele fassen.
Leg' Deine Träume in meinen Schoss,
Ich liess ihn mit goldenen Mauern umschliessen
Und ihn mit süssem griechischem Wein
Und mit dem Öle der Rosen begiessen.

O, ich flog nach Dir wie ein Vogel aus,
In Wüstenstürmen, in Meereswinden,
In meiner Tage Sonnenrot,
In meiner Nächte Stern Dich zu finden.
Du! breite die Kraft Deines Willens aus,
Dass wir über alle Herbste schweben,
Und Immergrün schlingen wir um den Tod
Und geben ihm Leben.

SELBSTMORD

Wilde Fratzen schneidet der Mond in den Sumpf
   Und dumpf
   Kreist die Welt.
Hätt' ich nur die Welt überstanden!
Damals als wir uns beide fanden
Blickte auch die Natur so gemein,
Aber dann kam der Sonnenschein
Und sang sein Strahlenlied
   Bis über den Norden.

Nun nagt der Maulwurf an Deinem Gebein,
In der Truhe heult die rote Katze.
Ein Kater schlich, sie lustzumorden
Aus vollmondblutendem Abendschein.
Wie die Nacht voll grausamer Sehnsucht blüht!
Der Tod selbst fürchtet sich zu zwei'n
Und kriecht in seinen Erdenschrein,
Aber – ich pack' ihn mit meiner Tatze!

MORITURI

Du hast ein dunkles Lied mit meinem Blut geschrieben,
Seitdem ist meine Seele jubellahm.
Du hast mich aus dem Rosenparadies vertrieben,
Ich musst sie lassen, Alle, die mich lieben.
Gleich einem Vagabund jagt mich der Gram.

Und in den Nächten, wenn die Rosen singen,
Dann brütet still der Tod – ich weiss nicht was –
Ich möchte Dir mein wehes Herze bringen,
Den bangen Zweifel und mein müh'sam Ringen
Und alles Kranke und den Hass!

JUGEND

Ich hört Dich hämmern diese Nacht
An einem Sarg im tiefen Erdenschacht.
Was willst Du von mir, Tod!
Mein Herz spielt mit dem jungen Morgenrot
Und tanzt im Funkenschwarm der Sonnenglut
Mit all den Blumen und der Sommerlust.

Scheer' Dich des Weges, alter Nimmersatt!
Was soll ich in der Totenstadt,
Ich, mit dem Jubel in der Brust!!

MEINLINGCHEN
(Meinem Jungen zu eigen)

Meinlingchen sieh mich an –
Dann schmeicheln tausend Lächeln mein Gesicht,
Und tausend Sonnenwinde streicheln meine Seele,
Hast wie ein Wirbelträumchen
Unter ihren Fittichen gelegen.

Nie war so lenzensüß mein Blut,
Als Dich mein Odem tränkte,
Die Quellen Edens müssen so geduftet haben
Bis Dich der Muttersturm
Aus süssem Dunkel
Von meinen Herzwegen pflückte
Und Dich in meine Arme legte,
    In ein Bad von Küssen.

BALLADE
(Aus den sauerländischen Bergen)

Er hat sich
In ein verteufeltes Weib vergafft,
In sing Schwester!

Wie ein lauerndes Katzentier
Kauerte sie vor seiner Thür
Und leckte am Geld seiner Schwielen.

Im Wirtshaus bei wildem Zechgelag
Sass er und sie und zechten am Tag
Mit rohen Gesellen.

Und aus dem roten, lodernden Saft
Stieg er ein Riese aus zwergenhaft
Verkümmerten Gesellen.

Und ihm war, als blicke er weltenweit,
Und sie schürte den Wahn seiner Trunkenheit
Und lachte!

Und eine Krone von Felsgestein,
Von golddurchädertem Felsgestein,
Wuchs ihm aus seinem Kopf.

Und die Säufer kreischten über den Spass.
»Gott verdamm' mich, ich bin der Satanas!«
Und der Wein sprühte Feuer der Hölle.

Und die Stürme sausten wie Weltuntergang,
Und die Bäume brannten am Bergeshang,
Es sang die Blutschande ……

Und sie holten ihn um die Dämmerzeit,
Und die Gassenkinder schrie'n vor Freud'
Und bewarfen ihn mit Unrat.

Seitdem spukt es in dieser Nacht,
Und Geister erscheinen in dieser Nacht,
Und die frommen Leute beten. –

Sie schmückte mit Trauer ihren Leib,
Und der reiche Schankwirt nahm sie zum Weib,
Gelockt vom Sumpf ihrer Thränen.

– Und der mit der schweren Rotsucht im Blut
Wankt um die stöhnende Dämmerglut
Gespenstisch durch die Gassen,

Wie leidender Frevel,
Wie das frevelnde Leid,
Überaltert dem lässigen Leben.

Und er sieht die Weiber so eigen an,
Und sie fürchten sich vor dem stillen Mann
Mit dem Totenkopf.

KÖNIGSWILLE

Ich will vom Leben der gazellenschlanken
Mädchen mit glühenden Rosengedanken,
Wenn glanzlose Sterne mein Sterbelied singen
Und bleiche Winde durch die Totenstadt weh'n
Und vom Licht mein warmes Leben erzwingen.

Ich will vom Leben der wettergebräunten
Knaben, die nie eine Thräne weinten,
Wenn die Tode vor meinen Herzthoren steh'n
Und mit der Kraft meiner Seele ringen.

Ich will vom Leben der weissen Gluten
Der Sonne und von der Wolke Morgenbluten
Dem quellenden Rot der Himmelsbrust.
Bis meine Lippen sich wieder färben
Und junger Odem durchströmt meine Brust ...
Ich will nicht sterben!

VOLKSLIED

Verlacht mich auch neckisch der Wirbelwind
– Mein Kind, das ist ein Himmelskind
Mit Locken, wie Sonnenscheinen.

Ich sitze weinend unter dem Dach,
Bin in den Nächten fieberwach
Und nähe Hemdchen aus Leinen.

Meiner Mutter Wiegenfest ist heut,
Gestorben sind Vater und Mutter beid'
Und sahen nicht mehr den Kleinen.

Meine Mutter träumte einmal schwer,
Sie sah mich nicht an ohne Seufzer mehr
Und ohne heimliches Weinen. –

DIR

Drum wein' ich,
Dass bei Deinem Kuss
Ich so nichts empfinde
Und ins Leere versinken muss.
   Tausend Abgründe
Sind nicht so tief,
Wie diese grosse Leere.
Ich sinne im engsten Dunkel der Nacht,
   Wie ich Dir's ganz leise sage,
Doch ich habe nicht den Mut.
Ich wollte, es käme ein Südenwind,
Der Dir's herüber trage,
Damit es nicht gar voll Kälte kläng'
Und er Dir's warm in die Seele säng'
   Kaum merklich durch Dein Blut.

MÜDE

All' die weissen Schlafe
  Meiner Ruh'
Stürzten über die dunklen Himmelssäume.
Nun deckt der Zweifel meine Sehnsucht zu
Und die Qual erdenkt meine Träume.

O, ich wollte, dass ich wunschlos schlief,
Wüsst' ich einen Strom, wie mein Leben so tief,
Flösse mit seinen Wassern.

SCHULD

Als wir uns gestern gegenübersassen,
Erschrak ich über Deine Blässe,
Über die Leidenslinie Deiner Wange.
Da kam's, dass meine Gedanken mich vergassen
Über der Leidenslinie Deiner Wange.

Es trafen unsere Blicke sich wie Sternenfragen,
Es war ein goldenes Hin- und Herverweben
Und Deine Augen glichen seid'nen Mädchenaugen.
Du öffnetest die Lippen, mir zu sagen.....
Und meine Seele färbte sich in Matt,
Dumpf läutete noch einmal Brand mein Leben
Und schrumpfte dann zusammen wie ein Blatt.

UNGLÜCKLICHER HASS
(Versrelief)

Du! Mein Böses liebt Dich
Und meine Seele steht
Furchtbarer über Dir,
Wie der drohendste Stern über Herculanum.

Wie eine Wildkatze springt
Mein Böses aus mir,
Und beisst nach Dir.
   Entrissen
Von Liebesküssen
Aber taumelst Du
In Armen bekränzter Hetären
Durch rosenduftender Sphären
   Rauschgesang.

Nachts schleichen Hyänen,
Wie brütende Finsternisse
Hungrig über meine Träume
Im Wutglüh'n meiner Thränen.

NACHWEH

Weisst Du noch als ich krank lag,
    So Gott verlassen –
Da kamst Du,
    Es war am Herbsttag,
Der Wind wehte krank durch die Gassen.

Zwei kalte Totenaugen
Hätten mich nicht so gequält,
Wie Deine Saphiraugen,
Die beiden brennenden Märchen.

MEIN TANZLIED

Aus mir braust finst're Tanzmusik,
Meine Seele kracht in tausend Stücken!
Der Teufel holt sich mein Missgeschick
Um es ans brandige Herz zu drücken.

Die Rosen fliegen mir aus dem Haar
Und mein Leben saust nach allen Seiten,
So tanz' ich schon seit tausend Jahr,
Seit meiner ersten Ewigkeiten.

VERGELTUNG

Hab' hinter Deinem trüben Grimm geschmachtet,
Und der Tod hat in meiner Seele genachtet
   Und frass meine Lenze.
Und da kam ein Augenblick,
Ein spielender, jauchzender Augenblick
Und tanzte mit mir ins Leben zurück
   Bis zur Grenze.
Aber das Netz meiner Augen zerriss
   Vom plötzlichen Lichtglanz.
Wie soll ich nun die Goldzeiten auffangen!
Meine Seele die Goldlüfte einsaugen!
Der Tod hat sich fest an mein Leben gehangen,
Ich fühle immer stilleres Vergessen …
Himmelszeichen künden Unheil an im Westen,
In der Sackgasse brütet Frucht ein Nebelbaum
Und winkt mir heimlich mit den Schattenästen –
Ja! Meine Seele soll Beklemmniss von ihm essen!
Und ein Alb auf Dir liegen Nachts im Traum.

HUNDSTAGE

Ich will Deiner schweifenden Augen Ziel wissen
Und Deiner flatternden Lippen Begehr,
Denn so ertrag' ich das Leben nicht mehr,
Von der Tollwut der Zweifel zerbissen.

…. Wie friedvoll die Malvenblüten starben
Unter süssen Himmeln der Lenznacht –
Ich war noch ein Kind, als sie starben.

Hab' so still in der Seele Gottes geruht –
Möcht' mich nun in rasendes Meer stürzen
Von schreiendem Herzblut!

MELODIE

Deine Augen legen sich in meine Augen
Und nie war mein Leben so in Banden,
Nie hat es so tief in Dir gestanden
Es so wehrlos tief.

Und unter Deinen schattigen Träumen
Trinkt mein Anemonenherz den Wind zur Nachtzeit,
Und ich wandle blühend durch die Gärten
Deiner stillen Einsamkeit.

ELEGIE

Du warst mein Hyazinthentraum,
Bist heute noch mein süssestes Sehnen,
Aber mein Wünschen zittert durch Thränen
Und meine Hoffnung klagt vom Trauereschenbaum.

Tausend Wunschjahre lag ich vor Deinen Knieen,
Meine Gedanken sprudelten wie junge Weine,
Ein Venussehnen lag vor Deinen Knieen!

Zwei Sommer hielten wir uns schwer umfangen,
Ich tauchte in den goldenen Strudel Deiner Schelmen-
    launen,
Bis aus den späten Nächten unsere Sterbeglocken
    klangen.

Und Neide schlichen heimlich, ihre Geil zu rächen,
Die Wolken drohten wild wie schwarze Posaunen,
Wir träumten beide einen Schmerzenstraum:
Zwei böse Sterne fielen in derselben Nacht
Und wir erblindeten in ihrem Stechen.

Der erste Blick, der uns zu eins gehämmert,
Er quälte sich bis in die Morgenstunden,
Bis weh das Herz des Ostens aufgedämmert.

Da sprangen alle grausigen Sagen auf,
Träumte nur noch Plagen,
Alle Plagen erdrosselten mich
Und reissende Hasse kamen
Und verheerten
Die Haine unserer jung gestorbenen Liebe.

Und wehrten meiner Seele Flucht zu Gott,
Gramjahre bebte ich hin,
Krankte zurück,
Kein Himmel beugte sich zu meinem Harme!
Durch alle Sümpfe schleift' ich mein verhungert Glück,
Und warf mich müd dem Satan in die Arme.

VAGABUNDEN

O, ich wollte in den Tag gehen,
Alle Sonnen, alle Glutspiele fassen,
Muss in trunk'ner Lenzluft untergeh'n
Tief in meinem Rätselblut.
Sehnte mich zu sehr nach dem Jubel!
Dass mein Leben verspiele mit dem Jubel.
Kaum noch fühlt' meine Seele den Goldsinn des
    Himmels.
Kaum noch sehen können meine Augen,
Wie müde Welle gleiten sie hin.
Und meine Sehnsucht taumelt wie eine sterbende Libelle.

    Giesse Brand in mein Leben!
    Ja, ich irre mit Dir,
Durch alle Gassen wollen wir streifen,
Wenn unsere Seelen wie hungernde Hunde knurren.
An allen Höllen unsere Lüste schleifen,
Und sünd'ge Launen alle Teufel fleh'n
Und Wahnsinn werden uns're Frevel sein,
Wie bunte, grelle Abendlichter surren;
Irrsinnige Gedanken werden diese Lichte sein!
Ach Gott! Mir bangt vor meiner schwarzen Stunde,
Ich grabe meinen Kopf selbst in die Erde ein!

HERZKIRSCHEN WAREN
MEINE LIPPEN BEID'

Ach, ich irre wie die Todsünde
Über wilde Haiden und Abgründe,
Über weinende Blumen im Herbstwind,
Die dicht von Brennesseln umklammert sind.

Herzkirschen waren meine Lippen beid',
Sie sind nun bleich und schweigend wie das Leid.
Ich suchte ihn im Abend, in der Dämmerung früh,
Und trank mein Blut und meine Süssigkeit.

Der Schatten, der auf meiner Wange glüht,
Wie eine Trauerrose ist er aufgeblüht
Aus meiner Seele Sehnsuchtsmelodie.

DIE BEIDEN

Dem zuckte sein zackiges Augenbrau jäh
Wie der Blitzstrahl einer Winternacht,
Und jener mit dem süssen Weh,
Dem ringenden Eden im Auge,
Mit dem Himmelblond auf der Stirn.....

Ich senkte mich in Beide
Wie ein erleuchtendes Gestirn –
Und es war, als sei ich:
Ihnen ihr Blut zu verraten:

Er mit dem scharfen Stahl im Aug'
Träumte von Heldenthaten
Im Dickicht meiner Urwaldaugen.
Und jenem, dem die Höhen des Parnassos
Mit Goldblicken winkten sternenwärts,
Ihm spannte ich zwei meiner wilden,
Ungezähmten Dürste ans Herz.

MEINE BLUTANGST

Es war eine Ebbe in meinem Blut,
Es schrie wie brüllende Ozeane
Und mit meiner Seele wehte der Tod
Wie mit einer Siegesfahne.

Zehn Könige standen um mein Bett,
Zehn stolze, leuchtende Sterne,
Sie tränkten mit Himmelsthau meine Qual,
Alle Abende meine Erbqual.

Jäh rissen sich ihre Willen los,
Wie schneidende Winterstürme.
Über die Herzen hinweg!
Über das Leben hinweg!
Und ihr rasender Mut wuchs Türme!
Und sie schlugen meine Blutangst tot,
Wie Himmelsbrand blühte das Morgenrot,
Und mein Blass schneite von ihren Wangen.

IM ANFANG
(Weltscherzo)

Hing an einer goldenen Lenzwolke,
Als die Welt noch Kind war,
Und Gott noch junger Vater war.
   Schaukelte, hei!
   Auf dem Ätherei,
   Und meine Wollhärchen flitterten ringelrei.
Neckte den wackelnden Mondgrosspapa,
Naschte Goldstaub der Sonnenmama,
In den Himmel sperrte ich Satan ein
Und Gott in die rauchende Hölle ein.
Die drohten mit ihrem grössten Finger
Und haben »klumbumm! klumbumm!« gemacht
Und es sausten die Peitschenwinde!
Doch Gott hat nachher zwei Donner gelacht
Mit dem Teufel über meine Todsünde.
Würde 10 000 Erdglück geben,
Noch einmal so gottgeboren zu leben,
So gottgeborgen, so offenbar.
   Ja! Ja!
Als ich noch Gottes Schlingel war!

STYX

Veränderte Fassungen in: »Die gesammelten Gedichte«.
Verlag der Weißen Bücher, Leipzig 1917.
6.–10. Tausend, Kurt Wolff Verlag, München 1920.

STYX

O, ich wollte, daß ich wunschlos schlief,
Wüßt ich einen Strom, wie mein Leben so tief,
Flösse mit seinen Wassern.

CHRONICA

Mutter und Vater sind im Himmel –
  Amen.
Drei Seelen breiten
Aus stillem Morgenträumen
Zum Gottland ihre Wehmut aus; –
Denn drei sind wir Schwestern,
Die vor mir träumten schon in Sphinxgestalten
Zu Pharaozeiten; –
Mich formte noch im tiefsten Weltenschoß
Die schwerste Künstlerhand.
Und wisset wer meine Brüder sind?
Sie waren die drei Könige, die gen Osten zogen
Dem weißen Sterne nach zum Gotteskind.
Aber acht Schicksale wucherten aus unserem Blut.
Vier plagen uns im Abendrot,
Vier verdunkeln uns die Morgenglut,
Sie brachten über uns Hungersnot
Und Herzensnot und Tod.
Und es steht:
Über unserem letzten Grab ihr Fortleben noch,
Den Fluch über alle Welten zu weben,
Sich ihres Bösen zu freuen.
Aber die Winde werden einst ihren Staub scheuen.
Satan, erbarme dich ihrer.

WINTERNACHT
(Cellolied)

Ich schlafe tief in starrer Winternacht,
Mir ist, ich lieg in Grabesnacht,
Als ob ich spät um Mitternacht gestorben sei
Und schon ein Sternenleben tot.

Zu meinem Kinde zog mein Glück
Und alles Leiden in das Leid zurück.
Nur meine Sehnsucht sucht sich heim
Und zuckt wie zähes Leben
Und stirbt.

Ich schlafe tief in starrer Winternacht,
Mir ist, ich lieg in Grabesnacht.

DASEIN

Hatte wogendes Nachthaar,
Liegt lange schon wo begraben.
Hatte Augen wie Bäche klar,
Bevor die Trübsal mein Gast war,
Hatte Hände muschelrotweiß,
Aber die Arbeit verzehrte ihr Weiß.
Und einmal kommt der Letzte,
Der senkt den hohlen Blick
Nach meines Leibes Vergänglichkeit
Und wirft von mir alles Sterben.
Und es atmet meine Seele auf
Und trinkt das Ewige.

MEIN DRAMA

Mit allen duftsüßen Scharlachblumen
Hat er mich gelockt,
Keine Nacht mehr hielt ich es im engen Zimmer aus,
Liebeskrumen stahl ich mir vor seinem Haus
Und sog mein Leben ihn ersehnend aus.
Es weint ein bleicher Engel leis in mir versteckt,
Ich glaube tief in meiner Seele;
Er fürchtet sich vor mir.
Im wilden Wetter sah ich mein Gesicht!
Ich weiß nicht wo, vielleicht im dunklen Blitz,
Mein Auge stand wie Winternacht im Antlitz,
Nie sah ich grimmigeres Leid.
…. Mit allen duftsüßen Scharlachblumen
Hat er mich gelockt,
Es regt sich wieder weh in meiner Seele
Und leitet mich durch all Erinnern weit.
Sei still mein wilder Engel mein,
Gott weine nicht
Und schweige von dem Leid,
Mein Schmerzen soll sich nicht entladen,
Den Faden, der mich hielt mit allen Leben,
Hab ich der Welt zurückgegeben
Freiwillig.
Auf allen Denkgesteinen wird mein Leiden brennen,
Um alles Blühen lohen, wie ein dunkler Bann.
Ich sehne mich nach meiner blindverstoßenen Einsamkeit,
Trostsuchend wie mein Kind sie zu umarmen.

SELBSTMORD

Wilde Fratzen schneidet der Mond in den Sumpf.
Es kreisen alle Welten dumpf;
Hätt ich erst diese überstanden!

Mein Herz, ein Skarabäenstein;
Blüht bunter Mai aus meinem Gebein
Und Meere rauschen durch Guirlanden.

Ich wollt, ich wär eine Katz geworden;
Der Kater schleicht sie lustzumorden
Im vollmondblutenden Abendschein.

Wie die Nacht voll grausamer Sehnsucht keimt –
Sie hat in mir oft zart geträumt
Und ist entstellt zur Fratze.

Der Tod selbst fürchtet sich zu zwein
Und kriecht in seinen Erdenschrein,
– Aber ich pack ihn mit meiner Tatze.

NACHWEH

Weißt du noch, wie ich krank lag,
So gottverlassen –
Da kamst du,
Es war am Herbsttag,
Der Wind wehte krank durch die Gassen.

Zwei kalte Totenaugen
Hätten mich nicht so gequält,
Wie deine Saphiraugen,
Die beiden brennenden Märchen.

IM ANFANG

Hing an einer goldnen Lenzwolke,
Als die Welt noch Kind war
Und Gott noch junger Vater war.
Schaukelte hei
Auf dem Ätherei
Und meine Wollhärchen flitterten ringelrei.
Neckte den wackelnden Mondgroßpapa,
Naschte Sonne der Goldmama,
In den Himmel sperrte ich Satan ein,
Und Gott in die rauchende Hölle.
Die drohten mit ihrem größten Finger
Und haben »klumbumm, klumbumm« gemacht,
Und es sausten die Peitschenwinde;
Doch Gott hat nachher zwei Donner gelacht
Mit dem Teufel über meine Todsünde.
Würde 10 000 Erdglück geben,
Noch einmal so gottgeboren zu leben,
So gottgeborgen, so offenbar.
    Ja, ja,
Als ich noch Gottes Schlingel war!

DER SIEBENTE TAG

Verlag des Vereins für Kunst,
Amelangsche Buchhandlung, Berlin-Charlottenburg 1905.
Meiner teuren Mutter

ERKENNTNIS

Schwere steigt aus allen Erden auf
Und wir ersticken im Bleidunst,
Jedoch die Sehnsucht reckt sich
Und speit wie eine Feuersbrunst.
Es tönt aus allen wilden Flüssen
Das Urgeschrei, Evas Lied.
Wir reißen uns die Hüllen ab,
Vom Schall der Vorwelt hingerissen,
    Ich nackt! Du nackt!

– – – – – – – – – – – – – –

Wilder, Eva, bekenne schweifender,
Deine Sehnsucht war die Schlange,
Ihre Stimme wand sich über deine Lippe,
Und biß in den Saum deiner Wange.

Wilder, Eva, bekenne reißender,
Den Tag, den du Gott abrangst,
Da du zu früh das Licht sahst
Und in den blinden Kelch der Scham sankst.

Riesengroß
Steigt aus deinem Schoß
Zuerst wie Erfüllung zagend,
Dann sich ungestüm raffend,
   Sich selbst schaffend
   Gott-Seele . . . .

Und sie wächst
Über die Welt hinaus,
Ihren Anfang verlierend,

Über alle Zeit hinaus,
Und zurück um dein Tausendherz
Ende überragend ...

Singe, Eva, dein banges Lied einsam,
Einsamer, tropfenschwer wie dein Herz schlägt,
Löse die düstere Tränenschnur,
Die sich um den Nacken der Welt legt.

Wie das Mondlicht wandele dein Antlitz ....
Du bist schön ....
Singe, singe, horch, den Rauscheton,
Spielt die Nacht auf deinem Goldhaar schon:

»Ich trank atmende Süße
Vom schillernden Aste
Aus holden Dunkeldolden.
Ich fürchte mich nun
Vor meinem wachenden Blick –
Verstecke mich, du –
Denn meine wilde Pein
    Wird Scham,
Verstecke mich, du,
Tief in das Auge der Nacht,
Daß mein Tag Nachtdunkel trage.
Dieses taube Getöse, das mich umwirrt!
Meine Angst rollt die Erdstufen herauf,
Düsterher, zu mir zurück, nachthin,
Kaum rastet eine Spanne zwischen uns.

Brich mir das glühende Eden von der Schulter!
Mit seinen kühlen Armen spielten wir,
Durch seine hellen Wolkenreife sprangen unsere Jubel.

Nun schnellen meine Zehe wie irre Pfeile über die Erde,
Und meine Sehnsucht kriecht in jähen Bogen mir voran.«

Eva, kehre um vor der letzten Hecke noch!
Wirf nicht Schatten mit dir,
Blühe aus, Verführerin.

Eva du heiße Lauscherin,
O, du schaumweiße Traube,
Flüchte um vor der Spitze deiner schmalsten Wimper noch!

LIEBESFLUG

Drei Stürme liebt ich ihn eher, wie er mich,
Jäh schrien seine Lippen,
Wie der geöffnete Erdmund!
Und Gärten berauschten an Mairegen sich.

Und wir griffen unsere Hände,
Die verlöteten wie Ringe sich;
Und er sprang mit mir auf die Lüfte
Gotthin, bis der Atem verstrich.

Dann kam ein leuchtender Sommertag,
Wie eine glückselige Mutter,
Und die Mädchen blickten schwärmerisch,
Nur meine Seele lag müd und zag.

WIR BEIDE

Der Abend weht Sehnen aus Blütensüße,
Und auf den Bergen brennt wie Silberdiamant der Reif,
Und Engelköpfchen gucken überm Himmelstreif,
Und wir beide sind im Paradiese.

Und uns gehört das ganze bunte Leben,
Das blaue große Bilderbuch mit Sternen!
Mit Wolkentieren, die sich jagen in den Fernen
Und hei! die Kreiselwinde, die uns drehn und heben!

Der liebe Gott träumt seinen Kindertraum
Vom Paradies – von seinen zwei Gespielen,
Und große Blumen sehn uns an von Dornenstielen …
Die düstre Erde hing noch grün am Baum.

DIE LIEBE

Es rauscht durch unseren Schlaf
Ein feines Wehen, Seide,
Wie pochendes Erblühen
Über uns beide.

Und ich werde heimwärts
Von deinem Atem getragen,
Durch verzauberte Märchen,
Durch verschüttete Sagen.

Und mein Dornenlächeln spielt
Mit deinen urtiefen Zügen,
Und es kommen die Erden
Sich an uns zu schmiegen.

Es rauscht durch unseren Schlaf
Ein feines Wehen, Seide –
Der weltalte Traum
Segnet uns beide.

TRAUM

Der Schlaf entführte mich in deine Gärten,
In deinen Traum – die Nacht war wolkenschwarz
    umwunden –
Wie düstere Erden starrten deine Augenrunden,
Und deine Blicke waren Härten –

Und zwischen uns lag eine weite, steife
Tonlose Ebene …
Und meine Sehnsucht, hingegebene,
Küßt deinen Mund, die blassen Lippenstreife.

MEINER SCHWESTER KIND

Der Morgen ist bleich von Traurigkeit,
Es sind so viel junge Blumen gestorben,
Und du, o du bist gestorben,
Und mein Herz klagt eine Sehnsucht weit

Über die ziellose Flut
Der blaublühenden Meere,
Und deine Mutter höre
Ich weinen in meinem Blut.

Und ich muß immer träumen
Von deinen tiefen Lenzaugen,
Die blickten wie wilde Knospen
Von gottalten Bäumen.

»TÄUBCHEN,
DAS IN SEINEM EIGNEN BLUTE SCHWIMMT«

Als ich also diese Worte an mich las,
Erinnerte ich mich
Tausend Jahre meiner.

Eisige Zeiten verschollen – Leben vom Leben,
Wo liegt mein Leben –
Und träumt nach meinem Leben.

Ich lag allen Tälern im Schoß,
Umklammerte alle Berge,
Aber nie meine Seele wärmte mich.

Mein Herz ist die tote Mutter,
Und meine Augen sind traurige Kinder,
Die über die Lande gehen.

»Täubchen, das in seinem eigenen Blute schwimmt«.
Ja, diese Worte an mich sind heiße Tropfen,
Sind mein stilles Aufsterben
»Täubchen, das in seinem eigenen Blute schwimmt«.

In den Nächten sitzen sieben weinende Stimmen
Auf der Stufe des dunklen Tors
Und harren.

Auf den Hecken sitzen sie
Um meine Träume
Und tönen.

Und mein braunes Auge blüht
Halberschlossen vor meinem Fenster
Und zirpt. –
»Täubchen, das in seinem eigenen Blute schwimmt«.

EVA

Du hast deinen Kopf tief über mich gesenkt,
Deinen Kopf mit den goldenen Lenzhaaren,
Und deine Lippen sind von rosiger Seidenweichheit,
Wie die Blüten der Bäume Edens waren.

Und die keimende Liebe ist meine Seele.
O, meine Seele ist das vertriebene Sehnen,
Du liebzitterst vor Ahnungen –
… Und weißt nicht, warum deine Träume stöhnen.

Und ich liege schwer auf deinem Leben,
Eine tausendstämmige Erinnerung,
Und du bist so blutjung, so adamjung …
Du hast deinen Kopf tief über mich gesenkt –.

UNSER STOLZES LIED

Aber fremde Tage hängen
Über uns mit kühlen Bläuen,
Und weiße Wolkenschollen dräuen,
Das goldene Strahleneiland zu verdrängen.

Auch wir beide sind besiegte Siegerinnen,
Und Kronen steigen uns vom Blut der Zeder,
Propheten waren unsere Väter,
Unsere Mütter Königinnen.

Und süße Schwermutwolken ranken
Sich über ihre Gräber lilaheiß in Liebeszeilen,
Unsere Leiber ragen stolz, zwei goldene Säulen,
Über das Abendland wie östliche Gedanken.

UNSER LIEBESLIED

Laß die kleinen Sterne stehn,
Lenzseits winken junge Matten
Meiner Welten, die nichts wissen vom Geschehn.

Und wir wollen unter Pinien
Heimlich beide umschlungen gehn,
In die blaue Allmacht sehn.

Zwischen Garben
Und Schilfrohrruten
Steigen Schlummer auf aus Farben.

Und von roten Abendlinien
Blicken Marmorwolkenfresken
Und verzückte Arabesken.

UNSER KRIEGSLIED

Unsere Arme schlingen sich entgegen
Durch das Leben in runden Schwingen,
Durch das Spiel von Feuerringen,
Zwei Äste sich durch Bogenwegen.

Unsere Seelen tragen scharfe Blüten
Und aus ihren Kelchen steigen
Weihedüfte … und die Himmel neigen
Ihre Häupter mit den blauen Güten.

Unsere Willen sind zwei harte Degen
Und sie haben nie verfehlt gestritten,
Und wir dringen bis zum Erzkreis vor, in seiner Mitten
Fällt nach dürren Ewigkeiten Freudenregen,

Alles Sehnen nieder, und vor unserm Schilde
Stürzt das blinde Dämmergraugebilde.
Unsere Adern schmettern wie Posaunen!

Unsere Augen blicken sich in Blicken,
Wie zwei Siege sich erblicken –
Und die Nacht des Tages voll in Lichterstaunen.

ERFÜLLUNG

Wir sitzen traurig Hand in Hand,
Die gelbe Sonnenrose,
Die strahlende Braut Gottes,
Leuchtet erdenabgewandt.....

Und wie golden ihr Blick war!
Und unsere Augen weiten
Sich fragend wie Kinderaugen,
Weiß liegt die Sehnsucht schon auf unserm Haar.

Und zwischen den kahlen Buchen
Steigen ruhelose Dunkelheiten,
Auferstandene Nächte,
Die ihre weinenden Tage suchen.

Es schließen sich wie Rosen
Unsere Hände. Du, wir wollen
Wie junge Himmel uns lieben
Im Kranz von grauen Grenzenlosen.

Ein tiefer Sommer wird schweben
Auf laubigen Flügeln zur Erde,
Und eine rauschende Süße
Strömt durch das schwermütige Leben.

Und was werden wir beide spielen.....
Wir halten uns fest umschlungen
Und kugeln uns über die Erde,
    Über die Erde.

RUTH

Und du suchst mich vor den Hecken.
Ich höre deine Schritte seufzen
Und meine Augen sind schwere dunkle Tropfen.

In meiner Seele blühen süß deine Blicke
Und füllen sich,
Wenn meine Augen in den Schlaf wandeln.

Am Brunnen meiner Heimat
Steht ein Engel,
Der singt das Lied meiner Liebe,
Der singt das Lied Ruths.

ALS ICH NOCH IM FLÜGELKLEIDE ...

Unter süßem Veilchenhimmel
Ist unsere Liebe aufgegangen,
Und ich suche allerwegen
Nach dir und deinen Morgenwangen.

Und den Ringelrangelhaaren
Rötlichblonden Rosenlocken,
Und den frühlingshellen Augen
Die so frischfreifrohfrohlocken.

Zwischen dicken Gummipflanzen
Lauern hinter Irdentöpfen
Strickpicknadelspitze Augen,
Tücksch aus bitteren Frauenköpfen.

Daß die beiden alten Damen
Hinter unsere Liebe kamen
Und dich in Gewahrsam nahmen,
Sind die Dramen unserer Herzen.

GROTESKE

Seine Ehehälfte sucht der Mond,
Da sonst das Leben sich nicht lohnt.

Der Lenzschalk springt mit grünen Füßen,
Ein Heuschreck über die Wiesen.

Steif steht im Teich die Schmackeduzie,
Es sehnt und dehnt sich Fräulein Luzie.

DAS GEHEIMNIS

Die runde Ampel hängt wie eine Süßfrucht in der Nische,
Des Fensters beide Glasgestalten regen sich,
Der Paradiesbaum hinter ihnen bläht sich,
Und meine Hände fallen bleich vom Marmortische.

Und aus dem Abend tritt ein schwerer Duft,
Und unsere Heiterkeiten klingen ferne
Hellhin ..... wir sind auf einem greisen Sterne –
Wir Vier – und schwanken in der Luft.

Dein Auge füllt sich ... und ich ahne, wer ich bin –
Die zärtlich Glatte schlingt den Arm um deinen Leib
    und wittert,
Und der im Lichtschein beugt den Kopf, das Schweigen
    über uns gewittert,
Es blickt sich unser Blut um, hin zum Anbeginn.

Und siegeslockend schwingt der runde Odem uns ums
    Leben
Am Rand vorbei, der stille Kreis umkrampft uns.
Und Nähe sucht in Nähe zu verkriechen ...
Mein Arm hebt wie ein Schwert sich auf vor uns,
Versteinte Zeichen reißen sich aus Urgeweben.

Und draußen fällt ein bleicher, blinder Regen
Und tastet auf in hohlen, toten Fragen.
Wir sind von der Schlange noch nicht ausgetragen
Und finden das Ziel nicht in ihrem dunklen Bewegen.

NACHKLÄNGE

Auf den harten Linien
Meiner Siege
Laß ich meine späte Liebe tanzen.

Herzauf, seelehin,
Tanze, tanze meine späte Liebe,
Und ich lächle schwervergessene Lieder.

Und mein Blut beginnt zu wittern,
Sich zu sehnen
Und zu flattern.

Schon vor Sternzeiten
Wünschte ich mir diese blaue,
Helle, leuchteblaue Liebe.

Deine Augen singen
Schönheit,
Duftende . . . .

Auf den harten Linien
Meiner Siege
Laß ich meine späte Liebe tanzen.

Und ich schwinge sie –
»Fangt auf ihr Rosenhimmel,
Auf und nieder!«

Tanze, tanze meine späte Liebe,
Herzab, seelehin –
Arglos über stille Tiefen . . . .
Über mein bezwungenes Leben.

EVAS LIED

Die Luft ist von gährender Erde herb,
Und der nackte Märzwald sehnt sich
Wie du – o, ich wollte, ich würde der Frühling,
Mit lauter Märchen umblühte ich dich.

Wäre meine Kraft nicht tot!
Ich hab all das Nachleid tragen müssen,
Und mein tagendes Herzrot
Ist von grollenden Himmeln zerrissen.

Und deine Sinne sind kühl,
Und deine Augen sind zwei Morgenfrühen,
Und das Blondgewirr auf deiner Stirn
Glüht, als ob Sonnen sie besprühen.

Aber du bist vertrieben wie ich,
Weil du auf das Land meiner Seele sankst,
Als das Glück des Erkenntnistags aus mir schrie
Und seines Genießens Todesangst.

MAIENREGEN

Du hast deine warme Seele
Um mein verwittertes Herz geschlungen,
Und all seine dunklen Töne
Sind wie ferne Donner verklungen.

Aber es kann nicht mehr jauchzen
Mit seiner wilden Wunde,
Und wunschlos in deinem Arme
Liegt mein Mund auf deinem Munde.

Und ich höre dich leise weinen,
Und es ist – die Nacht bewegt sich kaum –
Als fiele ein Maienregen
Auf meinen greisen Traum.

MEIN STILLES LIED

Mein Herz ist eine traurige Zeit,
Die tonlos tickt.

Meine Mutter hatte goldene Flügel,
Die keine Welt fanden.

Horcht, mich sucht meine Mutter,
Lichte sind ihre Finger und ihre Füße wandernde Träume.

Und süße Wetter mit blauen Wehen
Wärmen meine Schlummer

Immer in den Nächten,
Deren Tage meiner Mutter Krone tragen.

Und ich trinke aus dem Monde stillen Wein,
Wenn die Nacht einsam kommt.

Meine Lieder trugen des Sommers Bläue
Und kehrten düster heim.

Verhöhnt habt ihr mir meine Lippe
Und redet mit ihr.

Doch ich griff nach euren Händen,
Denn meine Liebe ist ein Kind und wollte spielen.

Einen nahm ich von euch und den zweiten
Und küßte ihn,

Aber meine Blicke blieben rückwärts gerichtet
Meiner Seele zu.

Arm bin ich geworden
An eurer bettelnden Wohltat.

Und ich wußte nichts vom Kranksein,
Und bin krank von euch,

Und nichts ist diebischer als Kränke,
Sie bricht dem Leben die Füße,

Stiehlt dem Grabweg das Licht,
Und verleumdet den Tod.

Aber mein Auge
Ist der Gipfel der Zeit,

Sein Leuchten küßt
Gottes Saum.

Und ich will euch noch mehr sagen,
Bevor es finster wird zwischen uns.

Bist du der Jüngste von euch,
So solltest du mein Ältestes wissen.

Auf deiner Seele werden es fortan
Alle Welten spielen.

Und die Nacht wird es wehklagen
Dem Tag.

Ich bin der Hieroglyph,
Der unter der Schöpfung steht.

Und ich artete mich nach euch,
Der Sehnsucht nach dem Menschen wegen.

Ich riß die ewigen Blicke von meinen Augen,
Das siegende Licht von meinen Lippen –

Weißt du einen schwereren Gefangenen,
Einen böseren Zauberer, denn ich.

Und meine Arme, die sich heben wollen,
Sinken ...

MEIN VOLK

Der Fels wird morsch,
Dem ich entspringe
Und meine Gotteslieder singe …
Jäh stürz ich vom Weg
Und riesele ganz in mir
Fernab, allein über Klagegestein
Dem Meer zu.

Hab mich so abgeströmt
Von meines Blutes
Mostvergorenheit.
Und immer, immer noch der Widerhall
In mir,
Wenn schauerlich gen Ost
Das morsche Felsgebein,
Mein Volk,
Zu Gott schreit.

ZEBAOTH

Gott, ich liebe dich in deinem Rosenkleide,
Wenn du aus deinen Gärten trittst, Zebaoth.
O, Du Gottjüngling,
Du Dichter,
Ich trinke einsam von deinen Düften.

Meine erste Blüte Blut sehnte sich nach Dir,
So komme doch,
Du süßer Gott,
Du Gespiele Gott,
Deines Tores Gold schmilzt an meiner Sehnsucht.

MEIN STERBELIED

Die Nacht ist weich von Rosensanftmut;
Komm, gib mir Deine beiden Hände her,
Mein Herz pocht spät
Und durch mein Blut
Wandert die letzte Nacht und geht
Und naht so weit und ewig wie ein Meer.

Und hast Du mich so sehr geliebt,
So nimm das Jubelndste von Deinem Tag,
Gib mir das Gold, das keine Wolke trübt,
Das Gold von seinem frühsten Lenzschein …
Es wallen Harmonien aus der Nachtlandferne –
Ich ziehe ein
Und werde Leben sein
Und Leben mich an Leben schmiegen,
Wenn über mir Paradiessterne
Ihre ersten Menschen wiegen.

STREITER

Und Deine hellen Augen heben sich im Zorn,
Schwarz, wie die lange Nacht, und morgenlose.
Des Eitlen Stimme brüllt in toter Pose,
Wie durch ein enggebogenes Horn.

Und zwischen übermütigem Tausendlachen
Der Einen und der Zweiten und der Vielen
Zerbersten Wort an Worten sich aus Wetterschwielen
Wie reife Härten auf den lauten Schwachen.

Und Abendwinde, die von her und dort sich trafen
Und schrill in Kreiseleile sich beschielen,
Aufpfiffen fröstelnd über die gebohnten Dielen –
Ich konnte nachts vor Träumerei nicht schlafen.

Und meine Seele liegt wie eine bleiche Weite
Und hört das Leben mahlen in der Mühle,
Es löst sich auf in schwere Kühle,
Und ballt sich wieder heiß zum Streite.

WIR DREI

Unsere Seelen hingen an den Morgenträumen
Wie die Herzkirschen,
Wie lachendes Blut an den Bäumen.

Kinder waren unsere Seelen,
Als sie mit dem Leben spielten,
Wie die Märchen sich erzählen.

Und von weißen Azaleen
Sangen die Spätsommerhimmel
Über uns im Südwindwehen.

Und ein Kuß und ein Glauben
Waren unsere Seelen eins,
Wie drei Tauben.

MEIN LIEBESLIED

Wie ein heimlicher Brunnen
Murmelt mein Blut,
Immer von dir, immer von mir.

Unter dem taumelnden Mond
Tanzen meine nackten, suchenden Träume,
Nachtwandelnde Kinder,
Leise über düstere Hecken.

O, deine Lippen sind sonnig ...
Diese Rauschedüfte deiner Lippen ...
Und aus blauen Dolden silberumringt
Lächelst du ... du, du.

Immer das schlängelnde Geriesel
Auf meiner Haut
Über die Schulter hinweg –
Ich lausche ...

Wie ein heimlicher Brunnen
Murmelt mein Blut.

MEIN WANDERLIED

Zwölf Morgenhellen weit
Verschallt der Geist der Mitternacht,
Und meine Lippen haben ausgedacht
In stolzer Linie mit der Ewigkeit.

Torabwärts schreitet das Verflossene,
Indes sich meine Seele in dem Glanz der Lösung bricht,
Ihr tausendheißes, weißes Licht
Scheint mir voran ins Ungegossene.

Und ich wachse über all Erinnern weit –
So ferne Musik – und zwischen Kampf und Frieden
Steigen meine Blicke, Pyramiden,
Und sind die Ziele hinter aller Zeit.

DER LETZTE

Wilde Winde wehte ich,
Bis ich stand.
Alle Sterne träumen von mir,
Und ihre Strahlen werden goldener,
Und meine Ferne undurchdringlicher.
Ich lehne am geschlossenen Lid der Nacht
Und horche in die Ruhe.
Wie mich der Mond umwandelt,
Immer leises, blindes Geschimmer murmelnd,
Ein Derwisch ist er in seinem Wandeltanz.
Weißgelbenjung hing sein Schein
Schaumleicht an der Nacht,
Und jäh über die Wolken sein Lawinengedröhne
Immer grauab
Mir zur Seite streifte sein Gold.
Mein Heimatmeer lauscht still in meinem Schoß,
Helles Schlafen – dunkles Wachen .....
In meiner Hand liegt schwer mein Volk begraben,
Und Wetter ziehen schüchtern über mich.
Ich lehne am geschlossenen Lid der Nacht
Und horche in die Ruhe.

O, MEINE SCHMERZLICHE LUST ….

Mein Traum ist eine junge, wilde Weide
Und schmachtet in der Dürre.
Wie die Kleider um den Tag brennen ….
Alle Lande bäumen sich.

Soll ich dich locken mit dem Liede der Lerche
Oder soll ich dich rufen wie der Feldvogel?
Tuuh! Tuuh!

Wie die Silberähren
Um meine Füße sieden – – –
O, meine schmerzliche Lust
Weint wie ein Kind.

DER LETZTE STERN

Mein silbernes Blicken rieselt durch die Leere,
Nie ahnte ich, daß das Leben hohl sei.
Auf meinem leichtesten Strahl
Gleite ich wie über Gewebe von Luft
Die Zeit rundauf, kugelab,
Unermüdlicher tanzte nie der Tanz.
Schlangenkühl schnellt der Atem der Winde,
Säulen aus blassen Ringen sich auf
Und zerfallen wieder.
Was soll das klanglose Luftgelüste,
Dieses Schwanken unter mir,
Wenn ich über die Lende der Zeit mich drehe.
Eine sanfte Farbe ist mein Bewegen
Und doch küßte nie das frische Auftagen,
Nicht das jubelnde Blühen eines Morgen mich.
Es naht der siebente Tag –
Und noch ist das Ende nicht erschaffen.
Tropfen an Tropfen erlöschen
Und reiben sich wieder,
In den Tiefen taumeln die Wasser
Und drängen hin und stürzen erdenab.
Wilde, schimmernde Rauscharme
Schäumen auf und verlieren sich,
Und wie alles drängt und sich engt
Ins letzte Bewegen.
Kürzer atmet die Zeit
Im Schoß der Zeitlosen.
Hohle Lüfte schleichen
Und erreichen das Ende nicht,
Und ein Punkt wird mein Tanz
In der Blindnis . . . .

HEIM

Unsere Zimmer haben blaue Wände,
Und wir wandeln leisehin durch Himmelweiten,
Und am Abend legen Innigkeiten
Mit Engelaugen ineinander unsere Hände.

Und wir erzählen uns Geschichten,
Bis der Morgen kommt in Silberglocken
Und dem Dämmersteine in den Locken,
Der Sonne winkt durchs Tor von Wolkenschichten;

Und wie sie tanzt auf unseren wiesenhellen
Teppichen, leicht über sanftverschlungene Blumenstiele!
Zum Liebeslauschen laden unsere Stühle,
Und von den Pfeilern fallen Seidenquellen.

SPHINX

Sie sitzt an meinem Bette in der Abendzeit
Und meine Seele tut nach ihrem Willen,
Und in dem Dämmerscheine, traumesstillen,
Engen wie Fäden dünn sich ihre Glanzpupillen
Um ihrer Sinne schläfrige Geschmeidigkeit.

Und auf dem Nebenbette an den Leinennähten
Knistern die Spitzenranken von Narzissen,
Und ihre Hände dehnen breit sich nach dem Kissen,
Auf dem noch Träume blühn aus seinen Küssen,
Herzsüßer Duft auf weißen Beeten.

Und lächelnd taucht die Mondfrau in die Wolkenwellen
Und meine bleichen, leidenden Psychen
Erstarken neu im Kampf mit Widersprüchen.
Und meine Seele heilt in Erdgerüchen,
Die sommerheiß aus ihren Poren quellen.

WELTENDE
Herwarth Walden

Es ist ein Weinen in der Welt,
Als ob der liebe Gott gestorben wär,
Und der bleierne Schatten, der niederfällt,
Lastet grabesschwer.

Komm, wir wollen uns näher verbergen …
Das Leben liegt in aller Herzen
Wie in Särgen.

Du! wir wollen uns tief küssen –
Es pocht eine Sehnsucht an die Welt,
An der wir sterben müssen.

MEINE WUNDER

Dreililien-Verlag, Karlsruhe & Leipzig 1911.
2. Auflage, Verlag der Weißen Bücher, Leipzig 1914.
3. Auflage, verlegt bei Paul Cassirer, Berlin o. J.
Meiner teuren Mutter

NUN SCHLUMMERT MEINE SEELE –

Der Sturm hat ihre Stämme gefällt,
O, meine Seele war ein Wald.

Hast du mich weinen gehört?
Weil deine Augen bang geöffnet stehn.
Sterne streuen Nacht
In mein vergossenes Blut.

Nun schlummert meine Seele
Zagend auf Zehen.

O, meine Seele war ein Wald;
Palmen schatteten,
An den Ästen hing die Liebe.
Tröste meine Seele im Schlummer.

ANKUNFT

Ich bin am Ziel meines Herzens angelangt.
Weiter führt kein Strahl.
Hinter mir laß ich die Welt,
Fliegen die Sterne auf: Goldene Vögel.

Hißt der Mondturm die Dunkelheit –
… O, wie mich leise eine süße Weise betönt …
Aber meine Schultern heben sich, hochmütige Kuppeln

VERSÖHNUNG

Es wird ein großer Stern in meinen Schoß fallen ...
Wir wollen wachen die Nacht,

In den Sprachen beten,
Die wie Harfen eingeschnitten sind.

Wir wollen uns versöhnen die Nacht –
So viel Gott strömt über.

Kinder sind unsere Herzen,
Die möchten ruhen müdesüß.

Und unsere Lippen wollen sich küssen,
Was zagst du?

Grenzt nicht mein Herz an deins –
Immer färbt dein Blut meine Wangen rot.

Wir wollen uns versöhnen die Nacht,
Wenn wir uns herzen, sterben wir nicht.

Es wird ein großer Stern in meinen Schoß fallen.

DIE STIMME EDENS

Wilder, Eva, bekenne schweifender,
Deine Sehnsucht war die Schlange,
Ihre Stimme wand sich über deine Lippe,
Und biß in den Saum deiner Wange.

Wilder, Eva, bekenne reißender,
Den Tag, den du Gott abrangst,
Da du zu früh das Licht sahst
Und in den blinden Kelch der Scham sankst.

Riesengroß
Steigt aus deinem Schoß
Zuerst wie Erfüllung zagend,
Dann sich ungestüm raffend,
Sich selbst schaffend,
Gottesseele ....

Und sie wächst
Über die Welt hinaus,
Ihren Anfang verlierend,
Über alle Zeit hinaus,
Und zurück um dein Tausendherz,
Ende überragend ....

Singe, Eva, dein banges Lied einsam,
Einsamer, tropfenschwer wie dein Herz schlägt,
Löse die düstere Tränenschnur,
Die sich um den Nacken der Welt legt.

Wie das Mondlicht wandele dein Antlitz,
Du bist schön ....
Sänge, singe, horch, den Rauscheton
Spielt die Nacht und weiß nichts vom Geschehn.

Überall das taube Getöse –
Deine Angst rollt über die Erdstufen
Den Rücken Gottes herab.

Kaum rastet eine Spanne zwischen ihm und dir.
Birg dich tief in das Auge der Nacht,
Daß dein Tag nachtdunkel trage.

Himmel ersticken, die sich nach Sternen bücken –
Eva, Hirtin, es gurren
Die blauen Tauben in Eden.

Eva, kehre um vor der letzten Hecke noch!
Wirf nicht Schatten mit dir,
Blühe aus, Verführerin.

Eva, du heiße Lauscherin,
O du schaumweiße Traube,
Flüchte um vor der Spitze deiner schmalsten Wimper noch!

IN DEINEN AUGEN

Blau wird es in deinen Augen –
Aber warum zittert all mein Herz
Vor deinen Himmeln.

Nebel liegt auf meiner Wange
Und mein Herz beugt sich zum Untergange.

VON WEIT

Dein Herz ist wie die Nacht so hell,
Ich kann es sehn
– Du denkst an mich – es bleiben alle Sterne stehn.

Und wie der Mond von Gold dein Leib
Dahin so schnell
Von weit er scheint.

DIE LIEBE

Immer tragen wir Herz vom Herzen uns zu.
Pochende Nacht
Hält unsere Schwellen vereint.

Wo mag der Tod mein Herz lassen?
In einem Brunnen, der fremd rauscht –

In einem Garten, der steinern steht –
Er wird es in einen reißenden Fluß werfen.

Mir bangt vor der Nacht,
Daran kein Stern hängt.

Denn unzählige Sterne meines Herzens
Vergolden deinen Blutspiegel.

Liebe ist aus unserer Liebe vielfältig erblüht.
Wo mag der Tod mein Herz lassen?

EIN LIEBESLIED

Aus goldenem Odem
Erschufen uns Himmel.
O, wie wir uns lieben …

Vögel werden Knospen an den Ästen,
Und Rosen flattern auf.

Immer suche ich nach deinen Lippen
Hinter tausend Küssen.

Eine Nacht aus Gold,
Sterne aus Nacht …
Niemand sieht uns.

Kommt das Licht mit dem Grün,
Schlummern wir;
Nur unsere Schultern spielen noch wie Falter.

SIEHST DU MICH

Zwischen Erde und Himmel?
Nie ging einer über meinen Pfad.

Aber dein Antlitz wärmt meine Welt,
Von dir geht alles Blühen aus.

Wenn du mich ansiehst,
Wird mein Herz süß.

Ich liege unter deinem Lächeln
Und lerne Tag und Nacht bereiten,

Dich hinzaubern und vergehen lassen,
Immer spiele ich das eine Spiel.

PHARAO UND JOSEPH

Pharao verstößt seine blühenden Weiber,
Sie duften nach den Gärten Amons.

Sein Königskopf ruht auf meiner Schulter,
Die strömt Korngeruch aus.

Pharao ist von Gold.
Seine Augen gehen und kommen
Wie schillernde Nilwellen.

Sein Herz aber liegt in meinem Blut;
Zehn Wölfe gingen an meine Tränke.

Immer denkt Pharao
An meine Brüder,
Die mich in die Grube warfen.

Säulen werden im Schlaf seine Arme
Und drohen!

Aber sein träumerisch Herz
Rauscht auf meinem Grund.

Darum dichten meine Lippen
Große Süßigkeiten,
Im Weizen unseres Morgens.

DAVID UND JONATHAN

In der Bibel stehn wir geschrieben
Buntumschlungen.

Aber unsere Knabenspiele
Leben weiter im Stern.

Ich bin David,
Du mein Spielgefährte;

O, wir färbten
Unsere weißen Widderherzen rot!

Wie die Knospen an den Liebespsalmen
Unter Feiertagshimmel.

Deine Abschiedsaugen aber –
Immer nimmst du still im Kusse Abschied.

Und was soll dein Herz
Noch ohne meines –

Deine Süßnacht
Ohne meine Lieder.

LEISE SAGEN –

Du nahmst dir alle Sterne
Über meinem Herzen.

Meine Gedanken kräuseln sich,
Ich muß tanzen.

Immer tust du das, was mich aufschauen läßt,
Mein Leben zu müden.

Ich kann den Abend nicht mehr
Über die Hecken tragen.

Im Spiegel der Bäche
Finde ich mein Bild nicht mehr.

Dem Erzengel hast du
Die schwebenden Augen gestohlen;

Aber ich nasche vom Seim
Ihrer Bläue.

Mein Herz geht langsam unter
Ich weiß nicht wo –

Vielleicht in deiner Hand.
Überall greift sie an mein Gewebe.

EIN ALTER TIBETTEPPICH

Deine Seele, die die meine liebet,
Ist verwirkt mit ihr im Teppichtibet.

Strahl in Strahl, verliebte Farben,
Sterne, die sich himmellang umwarben.

Unsere Füße ruhen auf der Kostbarkeit,
Maschentausendabertausendweit.

Süßer Lamasohn auf Moschuspflanzenthron,
Wie lange küßt dein Mund den meinen wohl
Und Wang die Wange buntgeknüpfte Zeiten schon?

ICH BIN TRAURIG

Deine Küsse dunkeln, auf meinem Mund.
Du hast mich nicht mehr lieb.

Und wie du kamst –!
Blau vor Paradies;

Um deinen süßesten Brunnen
Gaukelte mein Herz.

Nun will ich es schminken,
Wie die Freudenmädchen
Die welke Rose ihrer Lende röten.

Unsere Augen sind halb geschlossen,
Wie sterbende Himmel –

Alt ist der Mond geworden.
Die Nacht wird nicht mehr wach.

Du erinnerst dich meiner kaum.
Wo soll ich mit meinem Herzen hin?

ABEND

Hauche über den Frost meines Herzens
Und wenn du es zwitschern hörst,
Fürchte dich nicht vor seinem schwarzen Lenz.

Immer dachte das kalte Wundergespenst an mich
Und säete unter meinen Füßen – Schierling.

Nun prägt in Sternen auf meine Leibessäule
Ein weinender Engel die Inschrift.

EIN LIED DER LIEBE

Seit du nicht da bist,
Ist die Stadt dunkel.

Ich sammle die Schatten
Der Palmen auf,
Darunter du wandeltest.

Immer muß ich eine Melodie summen,
Die hängt lächelnd an den Ästen.

Du liebst mich wieder –
Wem soll ich mein Entzücken sagen?

Einer Waise oder einem Hochzeitler,
Der im Widerhall das Glück hört.

Ich weiß immer,
Wann du an mich denkst –

Dann wird mein Herz ein Kind
Und schreit.

An jedem Tor der Straße
Verweile ich und träume;

Ich helfe der Sonne deine Schönheit malen
An allen Wänden der Häuser.

Aber ich magere
An deinem Bilde.

Um schlanke Säulen schlinge ich mich
Bis sie schwanken.

Überall steht Wildedel,
Die Blüten unseres Blutes.

Wir tauchen in heilige Moose,
Die aus der Wolle goldener Lämmer sind.

Wenn doch ein Tiger
Seinen Leib streckte

Über die Ferne, die uns trennt,
Wie zu einem nahen Stern.

Auf meinem Angesicht
Liegt früh dein Hauch.

UND SUCHE GOTT

Ich habe immer vor dem Rauschen meines Herzens
    gelegen,
Nie den Morgen gesehen,
Nie Gott gesucht.
Nun aber wandle ich um meines Kindes
Goldgedichtete Glieder
Und suche Gott.

Ich bin müde vom Schlummer,
Weiß nur vom Antlitz der Nacht.
Ich fürchte mich vor der Frühe,
Sie hat ein Gesicht
Wie die Menschen, die fragen.

Ich habe immer vor dem Rauschen meines Herzens
    gelegen;
Nun aber taste ich um meines Kindes
Gottgelichtete Glieder.

MEIN LIEBESLIED

Auf deinen Wangen liegen
Goldene Tauben.

Aber dein Herz ist ein Wirbelwind,
Dein Blut rauscht, wie mein Blut –

Süß
An Himbeersträuchern vorbei.

O, ich denke an dich – –
Die Nacht frage nur.

Niemand kann so schön
Mit deinen Händen spielen,

Schlösser bauen, wie ich
Aus Goldfinger;

Burgen mit hohen Türmen!
Strandräuber sind wir dann.

Wenn du da bist,
Bin ich immer reich.

Du nimmst mich so zu dir,
Ich sehe dein Herz sternen.

Schillernde Eidechsen
Sind deine Geweide.

Du bist ganz aus Gold –
Alle Lippen halten den Atem an.

HEIMWEH

Ich kann die Sprache
Dieses kühlen Landes nicht,
Und seinen Schritt nicht gehn.

Auch die Wolken, die vorbeiziehn,
Weiß ich nicht zu deuten.

Die Nacht ist eine Stiefkönigin.

Immer muß ich an die Pharaonenwälder denken
Und küsse die Bilder meiner Sterne.

Meine Lippen leuchten schon
Und sprechen Fernes,

Und bin ein buntes Bilderbuch
Auf deinem Schoß.

Aber dein Antlitz spinnt
Einen Schleier aus Weinen.

Meinen schillernden Vögeln
Sind die Korallen ausgestochen,

An den Hecken der Gärten
Versteinern sich ihre weichen Nester.

Wer salbt meine toten Paläste –
Sie trugen die Kronen meiner Väter,
Ihre Gebete versanken im heiligen Fluß.

MEINE MUTTER

War sie der große Engel,
Der neben mir ging?

Oder liegt meine Mutter begraben
Unter dem Himmel von Rauch –
Nie blüht es blau über ihrem Tode.

Wenn meine Augen doch hell schienen
Und ihr Licht brächten.

Wäre mein Lächeln nicht versunken im Antlitz,
Ich würde es über ihr Grab hängen.

Aber ich weiß einen Stern,
Auf dem immer Tag ist;
Den will ich über ihre Erde tragen.

Ich werde jetzt immer ganz allein sein
Wie der große Engel,
Der neben mir ging.

RAST

Mit einem stillen Menschen will ich wandern
Über die Berge meiner Heimat,
Schluchzend über Schluchten,
Über hingestreckte Lüfte.

Überall beugen sich die Zedern
Und streuen Blüten.

Aber meine Schulter hängt herab
Von der Last des Flügels.
Suche ewige, stille Hände:
Mit meiner Heimat will ich wandern.

EIN TRAUERLIED

Eine schwarze Taube ist die Nacht
… Du denkst so sanft an mich.

Ich weiß, dein Herz ist still,
Mein Name steht auf seinem Saum.

Die Leiden, die dir gehören,
Kommen zu mir.

Die Seligkeiten, die dich suchen,
Sammele ich unberührt.

So trage ich die Blüten deines Lebens
Weiter fort.

Und möchte doch mit dir stille stehn;
Zwei Zeiger auf dem Zifferblatt.

O, alle Küsse sollen schweigen
Auf beschienenen Lippen liebentlang.

Niemehr soll es früh werden,
Da man deine Jugend brach.

In deiner Schläfe
Starb ein Paradies.

Mögen sich die Traurigen
Die Sonne in den Tag malen.

Und die Trauernden
Schimmer auf ihre Wangen legen.

Im schwarzen Wolkenkelche
Steht die Mondknospe.

… Du denkst so sanft an mich.

AN GOTT

Du wehrst den guten und den bösen Sternen nicht;
All ihre Launen strömen.
In meiner Stirne schmerzt die Furche,
Die tiefe Krone mit dem düsteren Licht.

Und meine Welt ist still –
Du wehrtest meiner Laune nicht.
Gott, wo bist du?

Ich möchte nah an deinem Herzen lauschen,
Mit deiner fernsten Nähe mich vertauschen,
Wenn goldverklärt in deinem Reich
Aus tausendseligem Licht
Alle die guten und die bösen Brunnen rauschen.

DER LETZTE

Ich lehne am geschlossenen Lid der Nacht
Und horche in die Ruhe.

Alle Sterne träumen von mir,
Und ihre Strahlen werden goldener,
Und meine Ferne undurchdringlicher.

Wie mich der Mond umwandelt,
Immer blindes Geschimmer murmelnd,
Ein Derwisch ist er in seinem Wandeltanz.

Weißgelbenjung hing sein Schein
Schaumleicht an der Nacht,
Und jäh über die Wolken sein Lawinengedröhn
Immer grauab,
Mir zur Seite streifte sein Gold.

Mein Heimatmeer lauscht still in meinem Schoß,
Helles Schlafen – dunkles Wachen ...
In meiner Hand liegt schwer mein Volk begraben,
Und Wetter ziehen schüchtern über mich.

Ich lehne am geschlossenen Lid der Nacht
Und horche in die Ruhe.

MARIA

Träume, säume, Marienmädchen –
Überall löscht der Rosenwind
Die schwarzen Sterne aus.
Wiege im Arme dein Seelchen.

Alle Kinder kommen auf Lämmern
Zottehotte geritten,
Gottlingchen sehen –

Und die vielen Schimmerblumen
An den Hecken –
Und den großen Himmel da
Im kurzen Blaukleide!

DIE KÖNIGIN
(Für Kete Parsenow)

Du bist das Wunder im Land,
Rosenöl fließt unter deiner Haut,

Vom Gegold deiner Haare
Nippen Träume;
Ihre Deutungen verkünden Dichter.

Du bist dunkel vor Gold –
Auf deinem Antlitz erwachen
Die Nächte der Liebenden.

Ein Lied bist du
Gestickt auf Blondgrund,
Du stehst im Mond ...

Immer wiegen dich
Die Bambusweiden.

VOLLMOND

Leise schwimmt der Mond durch mein Blut ...
Schlummernde Töne sind die Augen des Tages
Wandelhin – taumelher –

Ich kann deine Lippen nicht finden ...
Wo bist du, ferne Stadt
Mit den segnenden Düften?

Immer senken sich meine Lider
Über die Welt – alles schläft.

HEBRÄISCHE BALLADEN

Der Gedichte erster Teil. Paul Cassirer, Berlin 1920.
Karl Kraus zum Geschenk

BOAS

Ruth sucht überall
Nach goldenen Kornblumen
An den Hütten der Brothüter vorbei –

Bringt süßen Sturm
Und glitzernde Spielerei
Über Boas Herz;

Das wogt ganz hoch
In seinen Korngärten
Der fremden Schnitterin zu.

ESTHER

Esther ist schlank wie die Feldpalme,
Nach ihren Lippen duften die Weizenhalme
Und die Feiertage, die in Juda fallen.

Nachts ruht ihr Herz auf einem Psalme,
Die Götzen lauschen in den Hallen.

Der König lächelt ihrem Nahen entgegen –
Denn überall blickt Gott auf Esther.

Die jungen Juden dichten Lieder an die Schwester,
Die sie in Säulen ihres Vorraums prägen.

JAKOB UND ESAU

Rebekkas Magd ist eine himmlische Fremde,
Aus Rosenblättern trägt die Engelin ein Hemde
Und einen Stern im Angesicht.

Und immer blickt sie auf zum Licht,
Und ihre sanften Hände lesen
Aus goldenen Linsen ein Gericht.

Jakob und Esau blühn an ihrem Wesen
Und streiten um die Süßigkeiten nicht,
Die sie in ihrem Schoß zum Mahle bricht.

Der Bruder läßt dem jüngeren die Jagd
Und all sein Erbe für den Dienst der Magd;
Um seine Schultern schlägt er wild das Dickicht.

ABEL

Kains Augen sind nicht gottwohlgefällig,
Abels Angesicht ist ein goldener Garten,
Abels Augen sind Nachtigallen.

Immer singt Abel so hell
Zu den Saiten seiner Seele,
Aber durch Kains Leib führen die Gräben der Stadt.

Und er wird seinen Bruder erschlagen –
Abel, Abel, dein Blut färbt den Himmel tief.

Wo ist Kain, da ich ihn stürmen will:
Hast du die Süßvögel erschlagen
In deines Bruders Angesicht?!!

DAVID UND JONATHAN

O Jonathan, ich blasse hin in deinem Schoß,
Mein Herz fällt feierlich in dunklen Falten;
In meiner Schläfe pflege du den Mond,
Des Sternes Gold sollst du erhalten.
Du bist mein Himmel mein, du Liebgenoß.

Ich hab so säumerisch die kühle Welt
Fern immer nur im Bach geschaut ...
Doch nun, da sie aus meinem Auge fällt,
Von deiner Liebe aufgetaut ...
O Jonathan, nimm du die königliche Träne,
Sie schimmert weich und reich wie eine Braut.

O Jonathan, du Blut der süßen Feige,
Duftendes Gehang an meinem Zweige,
Du Ring in meiner Lippe Haut.

SAUL

Über Juda liegt der große Melech wach.
Ein steinernes Kameltier trägt sein Dach.
Die Katzen schleichen scheu um rissige Säulen.

Und ohne Leuchte sinkt die Nacht ins Grab,
Sauls volles Auge nahm zur Scheibe ab.
Die Klageweiber treiben hoch und heulen.

Vor seinen Toren aber stehen die Cananiter.
– Er zwingt den Tod, den ersten Eindring nieder –
Und schwingt mit fünfmalhunderttausend Mann die
    Keulen.

MOSES UND JOSUA

Als Moses im Alter Gottes war,
Nahm er den wilden Juden Josua
Und salbte ihn zum König seiner Schar.

Da ging ein Sehnen weich durch Israel –
Denn Josuas Herz erquickte wie ein Quell.
Des Bibelvolkes Judenleib war sein Altar.

Die Mägde mochten den gekrönten Bruder gern –
Wie heiliger Dornstrauch brannte süß sein Haar;
Sein Lächeln grüßte den ersehnten Heimatstern,

Den Mosis altes Sterbeauge aufgehn sah,
Als seine müde Löwenseele schrie zum Herrn.

ABRAHAM UND ISAAK

Abraham baute in der Landschaft Eden
Sich eine Stadt aus Erde und aus Blatt
Und übte sich mit Gott zu reden.

Die Engel ruhten gern vor seiner frommen Hütte
Und Abraham erkannte jeden;
Himmlische Zeichen ließen ihre Flügelschritte.

Bis sie dann einmal bang in ihren Träumen
Meckern hörten die gequälten Böcke,
Mit denen Isaak Opfern spielte hinter Süßholzbäumen.

Und Gott ermahnte: Abraham!!
Er brach vom Kamm des Meeres Muscheln ab und
    Schwamm
Hoch auf den Blöcken den Altar zu schmücken.

Und trug den einzigen Sohn gebunden auf den Rücken
Zu werden seinem großen Herrn gerecht –
Der aber liebte seinen Knecht.

HAGAR UND ISMAEL

Mit Muscheln spielten Abrahams kleine Söhne
Und ließen schwimmen die Perlmutterkähne;
Dann lehnte Isaak bang sich an den Ismael

Und traurig sangen die zwei schwarzen Schwäne
Um ihre bunte Welt ganz dunkle Töne,
Und die verstoßne Hagar raubte ihren Sohn sich schnell.

Vergoß in seine kleine ihre große Träne,
Und ihre Herzen rauschten wie der heilige Quell,
Und übereilten noch die Straußenhähne.

Die Sonne aber brannte auf die Wüste grell
Und Hagar und ihr Knäblein sanken in das gelbe Fell
Und bissen in den heißen Sand die weißen Negerzähne.

JAKOB

Jakob war der Büffel seiner Herde.
Wenn er stampfte mit den Hufen,
Sprühte unter ihm die Erde.

Brüllend ließ er die gescheckten Brüder.
Rannte in den Urwald an die Flüsse,
Stillte dort das Blut der Affenbisse.

Durch die müden Schmerzen in den Knöcheln
Sank er vor dem Himmel fiebernd nieder,
Und sein Ochsgesicht erschuf das Lächeln.

MEINE SCHÖNE MUTTER

blickte immer auf Venedig

MUTTER

O Mutter, wenn du leben würdest,
Dann möcht ich spielen in deinem Schoß.

Mir ist bang und mein Herz schmerzt
Von der vielen Pein.
Überall sprießt Blutlaub.

Wo soll mein Kind hin?
Ich baute keinen Pfad froh,
Alle Erde ist aufgewühlt.

Liebe, liebe Mutter.

ABSCHIED

Ich wollte dir immerzu
Viele Liebesworte sagen,

Nun suchst du ruhlos
Nach verlorenen Wundern.

Aber wenn meine Spieluhren spielen
Feiern wir Hochzeit.

O, deine süßen Augen
Sind meine Lieblingsblumen.

Und dein Herz ist mein Himmelreich ....
Laß mich hineinschaun.

Du bist ganz aus glitzernder Minze
Und so weich versonnen.

Ich wollte dir immerzu
Viele Liebesworte sagen,

Warum tat ich das nicht?

ANTINOUS

Der kleine Süßkönig
Muß mit goldenen Bällen spielen.

Im bunten Brunnen
Blaugeträufel, honiggold,
Seine Spielehände kühlen.

Antinous,
Wildfang, Güldklang,
Kuchenkorn mahlen alle Mühlen.

Antinous,
Du kleiner Spielkönig,
In den Himmel fährt es schön auf Schaukelstühlen.

O, wie lustige Falter seine Augen sind
Und die Schelme all in seiner Wange,
Und sein Herzchen beißt, will mans befühlen.

MEINER SCHWESTER ANNA DIESES LIED

Mein Herz liegt in einem Epheukranz.
Es kann nicht mehr welken,
Es kann nicht mehr blühn,
O, meine Schwester …

Fern verglomm Todesleuchten
In ihren schönen Augen,
Die waren zwei Sternbilder,
In die Kinder blickten.

Gott, wie schwarz die Nacht war!
Keine Sonne vermag mehr
Ein Lächeln zu finden
In meinem Angesicht.

VERINNERLICHT

Ich denke immer ans Sterben,
Mich hat niemand lieb.

Ich wollt ich wär still Heiligenbild
Und alles in mir ausgelöscht.

Träumerisch färbte Abendrot
Meine Augen wund verweint.

Weiß nicht wo ich hin soll
Wie überall zu dir.

Bist meine heimliche Heimat
Und will nichts Leiseres mehr.

Wie blühte ich gern süß empor
An deinem Herzen himmelblau –

Lauter weiche Wege
Legte ich um dein pochend Haus.

NUR DICH

Der Himmel trägt im Wolkengürtel
Den gebogenen Mond.

Unter dem Sichelbild
Will ich in deiner Hand ruhn.

Immer muß ich wie der Sturm will,
Bin ein Meer ohne Strand.

Aber seit du meine Muscheln suchst,
Leuchtet mein Herz.

Das liegt auf meinem Grund
Verzaubert.

Vielleicht ist mein Herz die Welt,
Pocht –

Und sucht nur noch dich –
Wie soll ich dich rufen?

DER MÖNCH

In deinem Blick schweben
Alle Himmel zusammen.

Immer hast du die Madonna angesehn,
Darum sind deine Augen überirdisch.

Und mein Herz wird ein Weihbecken,
Besterne dich mit meinem Blut;

Ich will der Tau deiner Frühe sein,
Deiner Abendsehnsucht pochendes Amen.

Du bist heilig zwischen bösem Tanz
Und schrillen Flöten.

Gottes Nachtigall bist du
In seinem Hirtentraum.

Deine Sünden wurden Musik,
Die bewegt süß meine Züge;

Deine Tränen tranken schlafende Blumen,
Die wieder Paradies werden sollen.

Ich liebe dich zauberisch wie im Spiegel des Bachs
Oder fern im wolkengerahmten Blau.

DEM MÖNCH

Ich taste überall nach deinem Schein.
Suchst du mich auch?

In meiner Stirne leuchtet
Der erblaßte Stern wieder,

Und sehe dich nur in der Welt,
Dein Lächeln immerfort.

Unsere himmelweißen Herzen
Erglühen im Schlaf.

O wir möchten uns küssen,
Aber es wäre wie Mord.

Ich stehe ganz bunt am Granatbaum
In einem Bilderbuch.

Manchmal schaust du auf mich –
Dann singen die Junivögel.

DEM MÖNCH

Meine Zehen wurden Knospen.
– Sieh, so komm ich zu dir.

Du bist am Rand über dem Tal
Die leuchtende Großkornblume;

Mit deinem Glück färbt sich
Der Himmel die Wangen blau.

Immer öffnet sich mein Wesen –
– Bin eine glitzernde Nische,

Aber du kommst nie zu deiner Anbetung,
Und morgen ist ewige Nacht.

Meine Sehnsucht ist im Sturm meiner Augen
Lange schon verwittert,

Die Korallen in meinem Blut
Sind ganz erblaßt.

Zwischen Dunkelheit verlischt mein Leben
Im scheidenden Antlitz des Mondes.

EIN LIED

Hinter meinen Augen stehen Wasser,
Die muß ich alle weinen.

Immer möcht ich auffliegen,
Mit den Zugvögeln fort;

Buntatmen mit den Winden
In der großen Luft.

O ich bin so traurig – – – –
Das Gesicht im Mond weiß es.

Drum ist viel samtne Andacht
Und nahender Frühmorgen um mich.

Als an deinem steinernen Herzen
Meine Flügel brachen,

Fielen die Amseln wie Trauerrosen
Hoch vom blauen Gebüsch.

Alles verhaltene Gezwitscher
Will wieder jubeln,

Und ich möchte auffliegen
Mit den Zugvögeln fort.

HEIMLICH ZUR NACHT

Ich habe dich gewählt
Unter allen Sternen.

Und bin wach – eine lauschende Blume
Im summenden Laub.

Unsere Lippen wollen Honig bereiten,
Unsere schimmernden Nächte sind aufgeblüht.

An dem seligen Glanz deines Leibes
Zündet mein Herz seine Himmel an –

Alle meine Träume hängen an deinem Golde,
Ich habe dich gewählt unter allen Sternen.

DER ALTE TEMPEL IN PRAG

Tausend Jahre zählt der Tempel schon in Prag;
Staubfällig und ergraut ist längst sein Ruhetag
Und die alten Väter schlossen seine Gitter.

Ihre Söhne ziehen nun in die Schlacht.
Der zerborstene Synagogenstern erwacht,
Und er segnet seine jungen Judenritter.

Wie ein Glücksstern über Böhmens Judenstadt,
Ganz aus Gold, wie nur der Himmel Sterne hat.
Hinter seinem Glanze beten wieder Mütter.

DAS LIED MEINES LEBENS

Sieh in mein verwandertes Gesicht …
Tiefer beugen sich die Sterne.
Sieh in mein verwandertes Gesicht.

Alle meine Blumenwege
Führen auf dunkle Gewässer,
Geschwister, die sich tödlich stritten.

Greise sind die Sterne geworden …
Sieh in mein verwandertes Gesicht.

ICH TRÄUME SO LEISE VON DIR

Immer kommen am Morgen schmerzliche Farben,
Die sind wie deine Seele.

O, ich muß an dich denken,
Und überall blühen so traurige Augen.

Und ich habe dir doch von großen Sternen erzählt,
Aber du hast zur Erde gesehn.

Nächte wachsen aus meinem Kopf,
Ich weiß nicht wo ich hin soll.

Ich träume so leise von dir,
Weiß hängt die Seide schon über meinen Augen.

Warum hast du nicht um mich
Die Erde gelassen – sage?

EIN TICKTACKLIEDCHEN FÜR PÄULCHEN

Mein Hämmerchen, mein Kämmerchen
    Pamm pamm, pumm pumm
    pamm pamm, pumm pumm

Mein Schläferchen, mein Käferchen
    pumm pumm, pamm pamm,
    pumm pumm, pamm pamm,

Mein Uhrchen tick, mein Türchen tack
    tick tack, tick tack
    knackknack, ticktack.

DIE PAVIANMUTTER
SINGT IHR PAVIÄNCHEN IN DEN SCHLAF
(Wiegenliedchen)

Schlafe, schlafe,
Mein Rosenpöpöchen,
Mein Zuckerläuschen,
Mein Goldflöhchen,

Morgen wird die Kaiserin aus Asien kommen
Mit Zucker, Schokoladen und Bombommen,

Schnell, schnell,
Haase Haase machen,
Sonst kriegt Blaumäulchen nichts von den Sachen.

ST. PETER HILLE

war eine Welt,
Meteor stieß er von sich.

Meinem so geliebten Spielgefährten
SENNA HOY

In Moskau der Prinz Sascha
Saß sündlos gefangen sieben Jahr.

BALLADE
(Erste Fassung)

Trotzendes Gold seine Stirn war,
Süßer Todstrahl sein Haar,
Seine Lippen blühten am Altar.

Ob er kommt dieses Jahr –
Sein Herz pocht ganz nah.

Wo steck ich meinen Liebsten hin,
Da ich nur seine Blume bin –

Dem Dichter färbt er die Schläfe rot.
Mit der Axt schlägt er den Ritter tot.
Aber den König trifft er nicht,
Der hat meines Bruders steinern Gesicht.
        O, Sascha!

BALLADE
(Zweite Fassung)

Sascha kommt aus Sibirien heim;
Wie er aussehn mag?

Trotzendes Gold seine Stirne war,
Süßer Todstrahl sein Haar,
Seine Lippen brannten am Altar.

Sascha trank meinen Herzseim
Jede Nacht, die am Traumhang lag.

Was er sagen mag –
Wie er klagen mag –

Wo steck ich meinen Liebsten hin?
Da ich ihm untreu war
Und doch nur seine Blume bin.

Dem Dichter färbt er die Schläfe rot,
Seine Ehre sticht den Wilddieb tot.

Aber den König trifft er nicht,
Der hat meines Bruders steinern Gesicht.
Sascha!

SENNA HOY

Wenn du sprichst,
Wacht mein buntes Herz auf.

Alle Vögel üben sich
Auf deinen Lippen.

Immerblau streut deine Stimme
Über den Weg;

Wo du erzählst, wird Himmel.

Deine Worte sind aus Lied geformt,
Ich traure, wenn du schweigst.

Singen hängt überall an dir –
Wie du wohl träumen magst?

SASCHA

Um deine Lippen blüht noch jung
Der Trotz dunkelrot,

Aber auf deiner Stirne sind meine Gebete
Vom Sturm verwittert.

Daß wir uns im Leben
Nie küssen sollten ...

Nun bist du der Engel,
Der auf meinem Grab steht.

Das Atmen der Erde bewegt
Meinen Leib wie lebendig.

Mein Herz scheint hell
Vom Rosenblut der Hecken.

Aber ich bin tot, Sascha,
Und das Lächeln liegt abgepflückt
Nur noch kurz auf meinem Gesicht.

SENNA HOY

Seit du begraben liegst auf dem Hügel,
Ist die Erde süß.

Wo ich hingehe nun auf Zehen,
Wandele ich über reine Wege.

O deines Blutes Rosen
Durchtränken sanft den Tod.

Ich habe keine Furcht mehr
Vor dem Sterben.

Auf deinem Grabe blühe ich schon
Mit den Blumen der Schlingpflanzen.

Deine Lippen haben mich immer gerufen,
Nun weiß mein Name nicht mehr zurück.

Jede Schaufel Erde, die dich barg,
Verschüttete auch mich.

Darum ist immer Nacht an mir,
Und Sterne schon in der Dämmerung.

Und ich bin unbegreiflich unseren Freunden
Und ganz fremd geworden.

Aber du stehst am Tor der stillsten Stadt
Und wartest auf mich, du Großengel.

DIE KUPPEL

Der Gedichte zweiter Teil. Verlegt bei Paul Cassirer, Berlin 1920.

MEIN LIED

Schlafend fällt das nächtliche Laub,
O, du stiller dunkelster Wald ....

Kommt das Licht mit dem Himmel,
Wie soll ich wach werden?
Überall wo ich gehe,
Rauscht ein dunkler Wald;

Und bin doch dein spielender Herzschelm, Erde,
Denn mein Herz murmelt das Lied
Moosalter Bäche der Wälder.

GEORG TRAKL

Georg Trakl erlag im Krieg von eigener Hand gefällt.
So einsam war es in der Welt. Ich hatt ihn lieb.

GEORG TRAKL

Seine Augen standen ganz fern.
Er war als Knabe einmal schon im Himmel.

Darum kamen seine Worte hervor
Auf blauen und auf weißen Wolken.

Wir stritten über Religion,
Aber immer wie zwei Spielgefährten,

Und bereiteten Gott von Mund zu Mund.
Im Anfang war das Wort.

Des Dichters Herz, eine feste Burg,
Seine Gedichte: Singende Thesen.

Er war wohl Martin Luther.

Seine dreifaltige Seele trug er in der Hand,
Als er in den heiligen Krieg zog.

– Dann wußte ich, er war gestorben –

Sein Schatten weilte unbegreiflich
Auf dem Abend meines Zimmers.

PAUL LEPPIN

Der König von Böhmen
Schenkte mir seine Dichtung Daniel Jesus.
Ich schlug sie auf und las: Der lieben, lieben, lieben,
    lieben Prinzessin
Ich schrieb ihm auf einen himmelblauen
Bogen: Süßer Daniel Jesus Paul.

M DANIEL JESUS PAUL

es ist Nacht –
wollen unsere Sehnsucht teilen,
in die Goldgebilde blicken.

meinem Herzen sitzt immer eine Tote
bet Almosen.

sum eine Lieder
on e weißgewordenen Sommer lang.

r d rabweg hinweg
e uns lieben,

e Knaben,
die sich nur mit dem Szepter berühren!

icht – ich lausche
r Augen Rauschehonig.

Die Nacht ist eine weiche Rose,
Wir wollen uns in ihren Kelch legen,

Immer ferner versinken,
Ich bin müde vom Tod!

DEM KÖNIG VON BÖHMEN

Ich frage nicht mehr –
Ich weiß wer auf den Sternen wohnt ......

Mein Herz sinkt tief in die Nacht.
So sterben Liebende
Immer an zärtlichen Himmeln vorbei;

Und atmen wieder dem Morgen entgegen
Auf frühleisen Schweben.
Ich aber wandele mit den heimkehrenden Sternen.

Und ich habe viele schlafende Knospen ausgelöscht,
Will ihr Sterben nicht sehn,
Wenn die Rosenhimmel tanzen.

Aus dem Gold meiner Stirne leuchtet der Smaragd,
Der den Sommer färbt.
Ich bin eine Prinzessin.

Mein Herz sinkt tief in die Nacht
An Liebende vorbei.

MEIN STILLES LIED

Mein Herz ist eine traurige Zeit,
Die tonlos tickt.

Meine Mutter hatte goldene Flügel,
Die keine Welt fanden.

Horcht, mich sucht meine Mutter,
Lichte sind ihre Finger und ihre Füße wandernde Träume.

Und süße Wetter mit blauen Wehen
Wärmen meine Schlummer

Immer in den Nächten,
Deren Tage meiner Mutter Krone tragen.

Und ich trinke aus dem Monde stillen Wein,
Wenn die Nacht einsam kommt.

Meine Lieder trugen des Sommers Bläue
Und kehrten düster heim.

– Ihr verhöhntet meine Lippe
Und redet mit ihr. –

Doch ich griff nach euren Händen,
Denn meine Liebe ist ein Kind und wollte spielen.

Und ich artete mich nach euch,
Weil ich mich nach dem Menschen sehnte.

Arm bin ich geworden
An eurer bettelnden Wohltat.

Und das Meer wird es wehklagen
Gott.

Ich bin der Hieroglyph,
Der unter der Schöpfung steht

Und mein Auge
Ist der Gipfel der Zeit;

Sein Leuchten küßt Gottes Saum.

AN ZWEI FREUNDE

Ich blicke nachts in euren stillen Stern.
Es schwimmen Tränen braun um meinen Mandelkern
Und meine Schellen spielen süß am Kleiderrand.

Ich trage einen wilden Kork im Ohrlapp,
Und Monde tätowiert auf meiner Hand.
Versteinte Käfer fallen von der Schnur ab.

Ich liebe euer glitzernd Zackenland,
Und sehne mich nach goldnem Edelpunsche,
Aufglimme unsichtbar in eurem Wunsche.

LAURENCIS

Ich gab dir einen Namen
Wie eine fromme Guirlande.

Darum will ich ihn
Nur immer liebend rufen.

Du siehst mich golden schimmern
Durch mein Abendherz.

Und nicht so trübe
Wie der Nebel es staubfällig färbt.

Meine Seele spielte Auferstehn,
Wenn Augen wie schlafende Täler lagen.

Und ich kenne alle Engel,
Denen habe ich von dir erzählt.

Es blüht die Aster meines Mundes
Mit deiner Lippen Rittersporn.

Und ich wache vor unserer Liebe
Denn ihre Küsse sollen Knospen bleiben.

HANS HEINRICH VON TWARDOWSKY

Ein Flamingo holte sich als Spielzeug
Den Hans Heinrich aus dem Teich.

Der Mondmann tanzt im goldenen Frack
Mit seinen Sternen Zick und Zack
Wenn Heinrich reimt im Chapeau Claque
In unserer Tacktick.

Er dichtet bis in Herrgottsfrüh
Liebenswürdige Parodie
Wolkenleicht und voll Esprit.

Glücklich schlägt seine Zuckeruhr;
Seine Augen lassen blaue Spur,
Adelige Vergißmeinnie.

RICHARD DEHMEL

Aderlaß und Transfusion zugleich;
Blutgabe deinem Herzen geschenkt.

Ein finsterer Pflanzer ist er,
Dunkel fällt sein Korn und brüllt auf.

Immer Zickzack durch sein Gesicht,
Schwarzer Blitz.

Über ihm steht der Mond doppelt vergrößert.

PETER BAUM

Er war des Tannenbaums Urenkel,
Unter dem die Herren zu Elberfeld Gericht hielten.

Und freute sich an jedes glitzernd Wort
Und ließ sich feierlich plündern.

Dann leuchteten die beiden Saphire
In seinem fürstlichen Gesicht.

Immer drängte ich, wenn ich krank lag,
»Peter Baum soll kommen!!«

Kam er, war Weihnachten –
Ein Honigkuchen wurde dann mein Herz.

Wie konnten wir uns freuen!
Beide ganz egal.

Und oft bewachte er
Im Sessel schmausend meinen Schlummer.

Rote und gelbe Cyllaxbonbons aß er so gern;
Oft eine ganze Schüssel leer.

Nun schlummert unser lieber Pitter
Schon ewige Nächte lang.

»Wenn ich Euch alle glücklich erst
Im Himmel hätte –«

Sagte einmal gläubig zu den Söhnen
Seine Mutter.

Nun ist der Peter fern bewahrt
Im Himmel.

Und um des Dichters Riesenleib auf dem Soldatenkirchhof
Wächst sanft die Erde pietätvoll.

PAUL ZECH

Sing Groatvatter woar dat verwunschene Bäuerlein
Aus Grimm sinne Märchens.

Der Enkelsonn ist ein Dichter.
Paul Zech schreibt mit der Axt seine Verse.

Man kann sie in die Hand nehmen,
So hart sind die.

Sein Vers wird zum Geschick
Und zum murrenden Volk.

Er läßt Qualm durch sein Herz dringen;
Ein düsterer Beter.

Aber seine Kristallaugen blicken
Unzählige Male den Morgen der Welt.

KARL VOGT

Der ist aus Gold –
Wenn er auf die Bühne tritt,
Leuchtet sie.

Seine Hand ist ein Szepter,
Wenn sie Regie führt.

Den Trauerspielen Strindbergs
Setzt er Kronen auf,

Aus den Dichtungen Ibsens
Holt er die schwarzen Perlen all.

Er kann nur selbst den König spielen
Im Spiel.

Morgen wird er König sein –
Ich freu mich.

FRANZ WERFEL

Ein entzückender Schuljunge ist er;
Lauter Lehrer spuken in seinem Lockenkopf.

Sein Name ist so mutwillig:
Franz Werfel.

Immer schreib ich ihm Briefe,
Die er mit Klecksen beantwortet.

Aber wir lieben ihn alle
Seines zarten, zärtlichen Herzens wegen.

Sein Herz hat Echo,
Pocht verwundert.

Und fromm werden seine Lippen
Im Gedicht.

Manches trägt einen staubigen Turban.
Er ist der Enkel seiner eigenen Verse.

Doch auf seiner Lippe
Ist eine Nachtigall gemalt.

Mein Garten singt,
Wenn er ihn verläßt.

Freude streut seine Stimme
Über den Weg.

HERODES. V. AUFZUG

Hinter deiner stolzen, ewigen Wimper gingen wir unter.
Schwermütige Sterne brannten auf deinem Lide.

Deine große Hand beugte das Meer
Und brach ihm die Perlen vom Grund.

Die Wüste war dein Schild
In der Schlacht.

An dich dürfen nur Dichter und Dichterinnen denken.
Mit dir nur Könige und Königinnen trauern.

Alle Leiber der Stadt ringeln sich
Giftig um deinen Leib.
Deine Schwester bespie den Traumstein deiner Liebe.

Du, ein beraubter Palast,
Judas schwankende Säule,
Völker bedrohend.

So arg mag nur ein Schöpfer lichtmitten
Seiner Reiche zerbersten.

MEINEM REINEN LIEBESFREUND
HANS EHRENBAUM-DEGELE

Tristan kämpfte in Feindesland;
Viel Lieder hatte er heimgesandt
Bis der Feind brach seinen Leib.

HANS EHRENBAUM-DEGELE

Er war der Ritter in Goldrüstung.
Sein Herz ging auf sieben Rubinen.

Darum trugen seine Tage
Den lauteren Sonntagsglanz.

Sein Leben war ein lyrisches Gedicht,
Die Kriegsballade sein Tod.

Er sang den Frauen Lieder
In süßerlei Abendfarben.

Goldnelken waren seine Augen,
Manchmal stand Tau in ihnen.

Einmal sagte er zu mir:
»Ich muß früh sterben.«

Da weinten wir beide
Wie nach seinem Begräbnis.

Seitdem lagen seine Hände
Oft in den meinen.

Immer hab ich sie gestreichelt,
Bis sie die Waffe ergriffen.

ALS ICH TRISTAN KENNEN LERNTE –

O,
Du mein Engel,
Wir schweben nur noch
In holden Wolken.

Ich weiß nicht, ob ich lebe
Oder süß gestorben bin
In deinem Herzen.

Immer feiern wir Himmelfahrt
Und viel, viel Schimmer.

Goldene Heiligenbilder
Sind deine Augen.

Sage – wie ich bin?
Überall wollen Blumen aus mir.

AN DEN GRALPRINZEN

Wenn wir uns ansehn,
Blühn unsere Augen.

Und wie wir staunen
Vor unseren Wundern – nicht?
Und alles wird so süß.

Von Sternen sind wir eingerahmt
Und flüchten aus der Welt.

Ich glaube wir sind Engel.

AN DEN PRINZEN TRISTAN

Auf deiner blauen Seele
Setzen sich die Sterne zur Nacht.

Man muß leise mit dir sein,
O, du mein Tempel,
Meine Gebete erschrecken dich;

Meine Perlen werden wach
Von meinem heiligen Tanz.

Es ist nicht Tag und nicht Stern,
Ich kenne die Welt nicht mehr,
Nur dich – alles ist Himmel.

AN DEN RITTER AUS GOLD

Du bist alles was aus Gold ist
In der großen Welt.

Ich suche deine Sterne
Und will nicht schlafen.

Wir wollen uns hinter Hecken legen,
Uns niemehr aufrichten.

Aus unseren Händen
Süße Träumerei küssen.

Mein Herz holt sich
Von deinem Munde Rosen.

Meine Augen lieben dich an,
Du haschst nach ihren Faltern.

Was soll ich tun,
Wenn du nicht da bist.

Von meinen Lidern
Tropft schwarzer Schnee;

Wenn ich tot bin,
Spiele du mit meiner Seele.

AN DEN RITTER

Gar keine Sonne ist mehr,
Aber dein Angesicht scheint.

Und die Nacht ohne Wunder,
Du bist mein Schlummer.

Dein Auge zuckt wie Sternschnuppe –
Immer wünsche ich mir etwas.

Lauter Gold ist dein Lachen,
Mein Herz tanzt in den Himmel.

Wenn eine Wolke kommt –
Sterbe ich.

AN TRISTAN

Ich kann nicht schlafen mehr,
Immer schüttelst du Gold über mich.

Und eine Glocke ist mein Ohr,
Wem vertraust du dich?

So hell wie du,
Blühen die Sträucher im Himmel.

Engel pflücken sich dein Lächeln
Und schenken es den Kindern.

Die spielen Sonne damit
Ja …

HEINRICH MARIA DAVRINGHAUSEN

– Wie er daherkommt –
Trojanischer junger Priester
Auf grabaltem Holzgefäß.

Zwei Nachtschatten schlaftrinken
In seinem Mahagonikopf,
Seine Lippen küßte ein Gottmädchen hold.

– Wie er gefalten aufstrebt –
Immer tragen seine Schultern
Ehrfürchtigen Samt.

Seine Füße schreiten
Nur über gepflegte Wege,
Stolperten nie über Gestrüpp.

– Wie er gottverhalten ist –
Aus jedem Bild, das er malt,
Blickt allfarbig der Schöpfer.

SAVARY LE DUC

Wie Perlen hängen seine Bilder
Schaumleicht an seidenen Wänden aufgereiht.

Mit goldenem Harz der Hagebutten
Und Rosenseime,
Malt er der Prinzen Liebeskleid.

Um ihren zarten Schultern tragen sie
An Ketten – Souvenir – im Medaillon
Verzückt des Freundes Paradeis.

Und ihre Hände spielen mit den Bächen
Und feinen Blumenstengeln
Und dem jungen Reis.

Und necken gern den Ziegenbock.
Glasäugig lauscht die graue Geiß.

Und ihre Leiber lieben sich
Wie süßgeblühte Bohnenstöcke,
Die sich bewegen kaum in ihrer Adeligkeit.

GEORGE GROSZ

Manchmal spielen bunte Tränen
In seinen äschernen Augen.

Aber immer begegnen ihm Totenwagen,
Die verscheuchen seine Libellen.

Er ist abergläubig –
– Ward unter einem großen Stern geboren –

Seine Schrift regnet,
Seine Zeichnung: Trüber Buchstabe.

Wie lange im Fluß gelegen,
Blähen seine Menschen sich auf.

Mysteriöse Verlorene mit Quappenmäulern
Und verfaulten Seelen.

Fünf träumende Totenfahrer
Sind seine silbernen Finger.

Aber nirgendwo ein Licht im verirrten Märchen
Und doch ist er ein Kind,

Der Held aus dem Lederstrumpf
Mit dem Indianerstamm auf Duzfuß.

Sonst haßt er alle Menschen,
Sie bringen ihm Unglück.

Aber George Grosz liebt sein Mißgeschick
Wie einen anhänglichen Feind.

Und seine Traurigkeit ist dionysisch,
Schwarzer Champagner seine Klage.

Er ist ein Meer mit verhängtem Mond,
Sein Gott ist nur scheintot.

THEODOR DÄUBLER

Zwischen dem Spalt seiner Augen
Fließt dunkeler Golf.

Auf seinen Schultern trägt er den Mond
Durch die Wolken der Nacht.

Die Menschen werden Sterne um ihn
Und beginnen zu lauschen.

Er ist ungetrübt vom Ursprung,
Klar spiegelt sich das blaue Eden.

Er ist Adam und weiß alle Wesen
Zu rufen in der Welt.

Beschwört Geist und Getier
Und sehnt sich nach seinen Söhnen.

Schwer prangen an ihm Granatäpfel
Und spätes Geflüster der Bäume und Sträucher,

Aber auch das Gestöhn gefällter Stämme
Und die wilde Anklage der Wasser.

Es sammeln sich Werwolf und weißer Lawin,
Sonne und süßes Gehänge, viel, viel Wildweinlaune.

Evviva dir, Fürst von Triest!!

GOTTFRIED BENN

Der hehre König Giselheer
Stieß mit seinem Lanzenspeer
Mitten in mein Herz.

O, DEINE HÄNDE

Sind meine Kinder.
Alle meine Spielsachen
Liegen in ihren Gruben.

Immer spiel ich Soldaten
Mit deinen Fingern, kleine Reiter,
Bis sie umfallen.

Wie ich sie liebe
Deine Bubenhände, die zwei.

GISELHEER DEM HEIDEN

Ich weine –
Meine Träume fallen in die Welt.

In meine Dunkelheit
Wagt sich kein Hirte.

Meine Augen zeigen nicht den Weg
Wie die Sterne.

Immer bettle ich vor deiner Seele;
Weißt du das?

Wär ich doch blind –
Dächte dann, ich läg in deinem Leib.

Alle Blüten täte ich
Zu deinem Blut.

Ich bin vielreich,
Niemandwer kann mich pflücken;

Oder meine Gaben tragen
Heim.

Ich will dich ganz zart mich lehren;
Schon weißt du mich zu nennen.

Sieh meine Farben,
Schwarz und stern

Und mag den kühlen Tag nicht,
Der hat ein Glasauge.

Alles ist tot,
Nur du und ich nicht.

GISELHEER DEM KNABEN

An meiner Wimper hängt ein Stern,
Es ist so hell
Wie soll ich schlafen –

Und möchte mit dir spielen.
– Ich habe keine Heimat –
Wir spielen König und Prinz.

GISELHEER DEM KÖNIG

Ich bin so allein
Fänd ich den Schatten
Eines süßen Herzens.

– Oder mir jemand
Einen Stern schenkte –

Immer fingen ihn
Die Engel auf
So hin und her.

Ich fürchte mich
Vor der schwarzen Erde.
Wie soll ich fort?

Möchte in den Wolken
Begraben sein,
Überall wo Sonne wächst,

Liebe dich so!
Du mich auch?
Sag es doch – – –

LAUTER DIAMANT

Ich hab in deinem Antlitz
Meinen Sternenhimmel ausgeträumt.

Alle meine bunten Kosenamen
Gab ich dir,

Und legte die Hand
Unter deinen Schritt,

Als ob ich dafür
Ins Jenseits käme.

Immer weint nun
Vom Himmel deine Mutter,

Da ich mich schnitzte
Aus deinem Herzfleische,

Und du so viel Liebe
Launisch verstießest.

Dunkel ist es –
Es flackert nur noch
Das Licht meiner Seele.

DAS LIED DES SPIELPRINZEN

Wie kann ich dich mehr noch lieben?
Ich sehe den Tieren und Blumen
Bei der Liebe zu.

Küssen sich zwei Sterne,
Oder bilden Wolken ein Bild –
Wir spielten es schon zarter.

Und deine harte Stirne,
Ich kann mich so recht an sie lehnen,
Sitz drauf wie auf einem Giebel.

Und in deines Kinnes Grube
Bau ich mir ein Raubnest –
Bis – du mich aufgefressen hast.

Find dann einmal morgens
Nur noch meine Kniee,
Zwei gelbe Skarabäen für eines Kaisers Ring.

HINTER BÄUMEN BERG ICH MICH

Bis meine Augen ausgeregnet haben,

Und halte sie tief verschlossen,
Daß niemand dein Bild schaut.

Ich schlang meine Arme um dich
Wie Gerank.

Bin doch mit dir verwachsen,
Warum reißt du mich von dir?

Ich schenkte dir die Blüte
Meines Leibes,

Alle meine Schmetterlinge
Scheuchte ich in deinen Garten.

Immer ging ich durch Granaten,
Sah durch dein Blut

Die Welt überall brennen
Vor Liebe.

Nun aber schlage ich mit meiner Stirn
Meine Tempelwände düster.

O du falscher Gaukler,
Du spanntest ein loses Seil.

Wie kalt mir alle Grüße sind,
Mein Herz liegt bloß,

Mein rot Fahrzeug
Pocht grausig.

Bin immer auf See
Und lande nicht mehr.

GISELHEER DEM TIGER

Über dein Gesicht schleichen die Dschungeln.
O, wie du bist!

Deine Tigeraugen sind süß geworden
In der Sonne.

Ich trag dich immer herum
Zwischen meinen Zähnen.

Du mein Indianerbuch,
Wild West,
Siouxhäuptling!

Im Zwielicht schmachte ich
Gebunden am Buxbaumstamm –

Ich kann nicht mehr sein
Ohne das Skalpspiel.

Rote Küsse malen deine Messer
Auf meine Brust –

Bis mein Haar an deinem Gürtel flattert.

KLEIN STERBELIED

So still ich bin,
All Blut rinnt hin.

Wie weich umher.
Nichts weiß ich mehr.

Mein Herz noch klein,
Starb leis an Pein.

War blau und fromm!
O Himmel, komm.

Ein tiefer Schall –
Nacht überall.

O GOTT

Überall nur kurzer Schlaf
Im Mensch, im Grün, im Kelch der Winde.
Jeder kehrt in sein totes Herz heim.

– Ich wollt die Welt wär noch ein Kind –
Und wüßte mir vom ersten Atem zu erzählen.

Früher war eine große Frömmigkeit am Himmel,
Gaben sich die Sterne die Bibel zu lesen.
Könnte ich einmal Gottes Hand fassen
Oder den Mond an seinem Finger sehn.

O Gott, o Gott, wie weit bin ich von dir!

HÖRE

Ich raube in den Nächten
Die Rosen deines Mundes,
Daß keine Weibin Trinken findet.

Die dich umarmt,
Stiehlt mir von meinen Schauern,
Die ich um deine Glieder malte.

Ich bin dein Wegrand.
Die dich streift,
Stürzt ab.

Fühlst du mein Lebtum
Überall
Wie ferner Saum?

PALMENLIED

O du Süßgeliebter,
Dein Angesicht ist mein Palmengarten,
Deine Augen sind schimmernde Nile
Lässig um meinen Tanz.

In deinem Angesicht sind verzaubert
Alle die Bilder meines Blutes,
Alle die Nächte, die sich in mir gespiegelt haben.

Wenn deine Lippen sich öffnen,
Verraten sie meine Seligkeiten.

Immer dieses Pochen nach dir –
Und hatte schon geopfert meine Seele.

Du mußt mich inbrünstig küssen,
Süßerlei Herzspiel;
Wir wollen uns im Himmel verstecken.

O du Süßgeliebter.

ALICE TRÜBNER

Ihr Angesicht war aus Mondstein,
Darum mußte sie immer träumen.

Durch die Seide ihrer Ebenholzhaare
Schimmerte Tausendundeinenacht.

Ihre Augen weihsagten.
Ein goldenes Bibelblatt war ihr Herz.

Sie thronte einen Himmel hoch
Über die Freunde.

O sie war eine Sternin –
Schimmer streute sie von sich.

Eine Herzogin war sie
Und krönte den armseligsten Gast.

Manchmal aber kam sie vom West:
Ein Wetter in Blitzfarben;

Die sind gefangen über Burgzacken
Im harten Rahmen.

Ihre Bilder viele,
Pietätvolle, bunte Briefe;

Manche aufbewahrt unter Glas
An den Wänden.

Aber auch Gläser und Gräser
Malte Alice Trübner.

Irgendwo zwischen sitzt ein Schelm,
Ein altmodisch dicker Puppenporzellankopf.

Oder sie malte huldvoll die Köchin
Als Frau Lucullus gelassen im Lehnstuhl.

Verwandelte strotzende Früchte in Rosen
Auf weißem Damast.

O, sie war eine Zauberin.

DEM BARBAREN

Deine rauhen Blutstropfen
Süßen auf meiner Haut.

Nenne meine Augen nicht Verräterinnen,
Da sie deine Himmel umschweben;

Ich lehne lächelnd an deiner Nacht
Und lehre deine Sterne spielen.

Und trete singend durch das rostige Tor
Deiner Seligkeit.

Ich liebe dich und nahe weiß
Und verklärt auf Wallfahrtzehen.

Trage dein hochmütiges Herz,
Den reinen Kelch den Engeln entgegen.

Ich liebe dich wie nach dem Tode
Und meine Seele liegt über dich gebreitet –

Meine Seele fing alle Leiden auf,
Dich erschüttern ihre schmerzlichen Bilder.

Aber so viele Rosen blühen,
Die ich dir schenken will;

O, ich möchte dir alle Gärten bringen
In einem Kranz.

Immer denke ich an dich,
Bis die Wolken sinken;

Wir wollen uns küssen –
Nicht?

DEM BARBAREN

Ich liege in den Nächten
Auf deinem Angesicht.

Auf deines Leibes Steppe
Pflanze ich Zedern und Mandelbäume.

Ich wühle in deiner Brust unermüdlich
Nach den goldenen Freuden Pharaos.

Aber deine Lippen sind schwer,
Meine Wunder erlösen sie nicht.

Hebe doch deine Schneehimmel
Von meiner Seele –

Deine diamantnen Träume
Schneiden meine Adern auf.

Ich bin Joseph und trage einen süßen Gürtel
Um meine bunte Haut.

Dich beglückt das erschrockene Rauschen
Meiner Muscheln.

Aber dein Herz läßt keine Meere mehr ein.
O du!

WILHELM SCHMIDTBONN

Er ist der Dichter, dem der Schlüssel
Zur Steinzeit vermacht wurde.

Adam den Urkäfer trägt er,
Ein Skarabäus im Ring.

Wilhelm Schmidtbonn erzählt vom Paradies;
Reißt den verlogenen Nebel vom Baum:
Stolz blüht die Dolde der Erkenntnis.

Sein markisches Gesicht strömt immer
Zwei dämmerblaue Kräfte aus.

Er ist aus Laub und Rinde,
Morgenfrühe und Kentauerblut.

Wie oft schon ließ er sich zur Ader
Seine Werke zu tränken.
Sein neustes Versspiel stiert aus Einauge.

MILLY STEGER

Milly Steger ist eine Bändigerin,
Haut Löwen und Panther in Stein.

Vor dem Spielhaus in Elberfeld
Stehen ihre Großgestalten;

Böse Tolpatsche, ernste Hännesken,
Clowne, die mit blutenden Seelen wehen.

Aber auch Brunnen, verschwiegene Weibsmopse
Zwingt Milly rätselhaft nieder.

Manchmal schnitzt die Gulliverin
Aus Zündhölzchen Adam und hinterrücks sein Weib.

Dann lacht sie wie ein Apfel;
Im stahlblauen Auge sitzt der Schalk.

Milly Steger ist eine Büffelin an Wurfkraft;
Freut sie sich auch an dem blühenden Kern der Büsche.

HANS ADALBERT VON MALTZAHN

Der Freiherr mußte Vicemalik sein
In meiner bunten Thebenstadt,
Als ich nach Rußland zog,
Prinz Sascha zu befrein.

AN HANS ADALBERT

Wenn du sprichst
Blühen deine Worte auf in meinem Herzen.

Über deine hellen Haare
Schweben meine Gedanken schwarzhin.

Du bist ganz aus Süderde und Liebe
Und Stern und Taumel.

Ich aber bin lange schon gestorben.
O, du meine Himmelsstätte …

DEM HERZOG VON LEIPZIG

Deine Augen sind gestorben;
Du warst so lange auf dem Meer.

Aber auch ich bin
Ohne Strand.

Meine Stirne ist aus Muschel.
Tang und Seestern hängen an mir.

Einmal möchte ich mit meiner ziellosen Hand
Über dein Gesicht fassen,

Oder eine Eidechse über deine Lippen
Liebentlang mich kräuseln.

Weihrauch strömt aus deiner Haut,
Und ich will dich feiern,

Dir bringen meine Gärten,
Überall blüht mein Herz bunt auf.

ABER DEINE BRAUEN SIND UNWETTER ...

In der Nacht schweb ich ruhlos am Himmel
Und werde nicht dunkel vom Schlaf.

Um mein Herz schwirren Träume
Und wollen Süßigkeit.

Ich habe lauter Zacken an den Randen,
Nur du trinkst Gold unversehrt.

Ich bin ein Stern
In der blauen Wolke deines Angesichts.

Wenn mein Glanz in deinem Auge spielt,
Sind wir eine Welt.

Und würden entschlummern verzückt –
Aber deine Brauen sind Unwetter.

LEO KESTENBERG

Seine Hände zaubern Musik durch stille Zimmer.
Zwischen uns sitzt dann der ehrwürdige Mond
Goldbehäbig im Lehnstuhl
Und versöhnt uns mit der Welt.

Wenn Leo Kestenberg Flügel spielt,
Ist er ein heiliger Mann;
Erweckt Liszt aus steinernem Schlaf,
Bach feiert Himmelfahrt.

Mit Schumann wird Leo ein Kind
Und Schwärmer am Süßfeuer Chopins.

Der dunkle Flügel verwandelt sich aber zur Orgel
Wenn Kestenberg eigene Rosen spielt.
Sein schweres Ebenholzherz frommütig aufhebt
Und weicher Musikregen uns durchrieselt.

UNSER LIEBESLIED

Unter der Wehmut der Esche
Lächeln die Augen meiner Freundin.

Und ich muß weinen
Überall wo Rosen aufblühn.

Wir hören beide unseren Namen nicht –
Immer Nachtwandlerinnen zwischen den bunten
Jünglingen.

Meine Freundin gaukelt mit dem Mond,
Unserm Sternenspiel folgen Erschrockene nach.

O, unsere Schwärmerei berauscht
Die Straßen und Plätze der Stadt.

Alle Träume lauschen gebannt hinter den Hecken
Kann nicht Morgen werden –

Und die seidige Nacht uns beiden
Tausendmalimmer um den Hals geschlungen.

Wie ich mich drehen muß!

Und meine Freundin küßt taumelnd den Rosigtau
Unter dem Düster des Trauerbaums.

DU MACHST MICH TRAURIG – HÖR

Bin so müde.
Alle Nächte trag ich auf dem Rücken
Auch deine Nacht,
Die du so schwer umträumst.

Hast du mich lieb?
Ich blies dir arge Wolken von der Stirn
Und tat ihr blau.

Was tust du mir in meiner Todesstunde?

ABSCHIED

Aber du kamst nie mit dem Abend –
Ich saß im Sternenmantel.

… Wenn es an mein Haus pochte,
War es mein eigenes Herz.

Das hängt nun an jedem Türpfosten,
Auch an deiner Tür;

Zwischen Farren verlöschende Feuerrose
Im Braun der Guirlande.

Ich färbte dir den Himmel brombeer
Mit meinem Herzblut.

Aber du kamst nie mit dem Abend –
… Ich stand in goldenen Schuhen.

LUDWIG HARDT

Seiner Heimat Erde ruht
An keiner Bergwand aus;

Ein weiter, weiter Schemel –
Friesland.

Ungehemmt wettern die Wetter
Und die stürmenden Gemüter dort.

Im lüttchen Städtchen Weener
Hockt Ludwigs zottigsteinern Elternnest.

Da einmal flog er mit den Herbstvögeln
Fort über die Ems.

Von hoher Vogelreinheit inbrünstig
Ohne Makel klopft sein Herz.

Und geharnischt ist seine Nase,
Seidene Spenderinnen die feinen Lippen,

Wenn sie die Verse Maria
Rainer Rilkes gastlich reichen.

Werden Rittersporn
In Liliencrons Balladengesängen;

Flattern wie Möven auf,
Lauter »Emmas«, wenn er entzückend

Uns mit Morgensterns
– frei nach Hardt – »kosmischer Meschuggas« beschenkt.

O, Ludwig Hardt liebt seine Dichter,
Die er spricht.

Und vermählt sich mit den Gedichten,
Die er schlicht zu sagen versteht.

Nie deklamiert er!
Das ist es eben.

O ICH MÖCHT AUS DER WELT

Dann weinst du um mich.
Blutbuchen schüren
Meine Träume kriegerisch.

Durch finster Gestrüpp
Muß ich
Und Gräben und Wasser.

Immer schlägt wilde Welle
An mein Herz;
Innerer Feind.

O ich möchte aus der Welt!
Aber auch fern von ihr
Irr ich, ein Flackerlicht

Um Gottes Grab.

FRANZ MARC

Der blaue Reiter ist gefallen, ein Großbiblischer, an dem
der Duft Edens hing. Über die Landschaft warf er einen
blauen Schatten. Er war der, welcher die Tiere noch reden
hörte; und er verklärte ihre unverstandenen Seelen. Immer
erinnerte mich der blaue Reiter aus dem Kriege daran: es
genügt nicht alleine, zu den Menschen gütig zu sein, und
was du namentlich an den Pferden, da sie unbeschreiblich
auf dem Schlachtfeld leiden müssen, Gutes tust, tust du
mir.

Er ist gefallen. Seinen Riesenkörper tragen große Engel
zu Gott, der hält seine blaue Seele, eine leuchtende Fahne,
in seiner Hand. Ich denke an eine Geschichte im Talmud,
die mir ein Priester erzählte: wie Gott mit den Menschen
vor dem zerstörten Tempel stand und weinte. Denn wo
der blaue Reiter ging, schenkte er Himmel. So viele Vögel
fliegen durch die Nacht, sie können noch Wind und Atem
spielen, aber wir wissen nichts mehr hier unten davon, wir
können uns nur noch zerhacken oder gleichgültig aneinan-
der vorbeigehen. In dieser Nüchternheit erhebt sich dro-
hend eine unermeßliche Blutmühle, und wir Völker alle
werden bald zermahlen sein. Schreiten immerfort über
wartende Erde. Der blaue Reiter ist angelangt; er war noch
zu jung zu sterben.

Nie sah ich irgendeinen Maler gotternster und sanfter
malen wie ihn. »Zitronenochsen« und »Feuerbüffel« nannte
er seine Tiere, und auf seiner Schläfe ging ein Stern auf.
Aber auch die Tiere der Wildnis begannen pflanzlich zu
werden in seiner tropischen Hand. Tigerinnen verzauberte
er zu Anemonen, Leoparden legte er das Geschmeide der
Levkoje um; er sprach vom *reinen* Totschlag, wenn auf sei-
nem Bild sich der Panther die Gazell vom Fels holte. Er

fühlte wie der junge Erzvater in der Bibelzeit, ein herr-
licher Jakob er, der Fürst von Kana. Um seine Schultern
schlug er wild das Dickicht; sein schönes Angesicht spie-
gelte er im Quell und sein Wunderherz trug er oftmals in
Fell gehüllt, wie ein schlafendes Knäblein heim, über die
Wiesen, wenn es müde war.

Das war alles vor dem Krieg.

Franz Marc, der blaue Reiter vom Ried,
Stieg auf sein Kriegspferd.
Ritt über Benediktbeuern herab nach Unterbayern,
Neben ihm sein besonnener, treuer Nubier
Hält ihm die Waffe.
Aber um seinen Hals trägt er mein silbergeprägtes Bild
Und den todverhütenden Stein seines teuren Weibes.
Durch die Straßen von München hebt er sein biblisches
    Haupt
Im hellen Rahmen des Himmels.
Trost im stillenden Mandelauge,
Donner sein Herz.
Hinter ihm und zur Seite viele, viele Soldaten.

GEBET

Ich suche allerlanden eine Stadt,
Die einen Engel vor der Pforte hat.
Ich trage seinen großen Flügel
Gebrochen schwer am Schulterblatt
Und in der Stirne seinen Stern als Siegel.

Und wandle immer in die Nacht ...
Ich habe Liebe in die Welt gebracht –
Daß blau zu blühen jedes Herz vermag,
Und hab ein Leben müde mich gewacht,
In Gott gehüllt den dunklen Atemschlag.

O Gott, schließ um mich deinen Mantel fest;
Ich weiß, ich bin im Kugelglas der Rest,
Und wenn der letzte Mensch die Welt vergießt,
Du mich nicht wieder aus der Allmacht läßt
Und sich ein neuer Erdball um mich schließt.

KONZERT

Ernst Rowohlt Verlag, Berlin 1932.

EIN LIED AN GOTT

Es schneien weiße Rosen auf die Erde,
Warmer Schnee schmückt milde unsere Welt;
Die weiß es, ob ich wieder lieben werde,
Wenn Frühling sonnenseiden niederfällt.

Zwischen Winternächten liegen meine Träume
Aufbewahrt im Mond, der mich betreut –
Und mir gut ist, wenn ich hier versäume
Dieses Leben, das mich nur verstreut.

Ich suchte Gott auf innerlichsten Wegen
Und kräuselte die Lippe nie zum Spott.
In meinem Herzen fällt ein Tränenregen;
Wie soll ich dich erkennen lieber Gott …

Da ich dein Kind bin, schäme ich mich nicht,
Dir ganz mein Herz vertrauend zu entfalten.
Schenk mir ein Lichtchen von dem ewigen Licht! – – –
Zwei Hände, die mich lieben, sollen es mir halten.

So dunkel ist es fern von deinem Reich
O Gott, wie kann ich weiter hier bestehen.
Ich weiß, du formtest Menschen, hart und weich,
Und weintetest gotteigen, wolltest du wie Menschen
    sehen.

Mein Angesicht barg ich so oft in deinem Schoß –
Ganz unverhüllt: du möchtest es erkennen.
Ich und die Erde wurden wie zwei Spielgefährten groß!
Und dürfen »du« dich beide, Gott der Welten, nennen.

So trübe aber scheint mir gerade heut die Zeit
Von meines Herzens Warte aus gesehen;
Es trägt die Spuren einer Meereseinsamkeit
Und aller Stürme sterbendes Verwehen.

AN MEIN KIND

Immer wieder wirst du mir
Im scheidenden Jahre sterben, mein Kind,

Wenn das Laub zerfließt
Und die Zweige schmal werden.

Mit den roten Rosen
Hast du den Tod bitter gekostet,

Nicht ein einziges welkendes Pochen
Blieb dir erspart.

Darum weine ich sehr, ewiglich .....
In der Nacht meines Herzens.

Noch seufzen aus mir die Schlummerlieder,
Die dich in den Todesschlaf schluchzten,

Und meine Augen wenden sich nicht mehr
Der Welt zu;

Das Grün des Laubes tut ihnen weh.
– Aber der Ewige wohnt in mir.

Die Liebe zu dir ist das Bildnis,
Das man sich von Gott machen darf.

Ich sah auch die Engel im Weinen,
Im Wind und im Schneeregen.

Sie schwebten ....
In einer himmlischen Luft.

Wenn der Mond in Blüte steht
Gleicht er deinem Leben, mein Kind.

Und ich mag nicht hinsehen
Wie der lichtspendende Falter sorglos dahinschwebt.

Nie ahnte ich den Tod
– Spüren um dich, mein Kind –

Und ich liebe des Zimmers Wände,
Die ich bemale mit deinem Knabenantlitz.

Die Sterne, die in diesem Monat
So viele sprühend ins Leben fallen,
Tropfen schwer auf mein Herz.

LIEBE UND FREUNDSCHAFT

> Ich möchte ewig schweigen
> Einen Tod und ein Leben lang,
> Wie in den Saiten der Geigen
> Noch ungespielter Gesang.
> Ich liebe die blauen Blumen
> Im hohen Zittergras
> Und deine blaue Seele
> Unter blauem Glas.

Aber an meinen Freund, mit dem man sozusagen einge-
quasselt ist, schreibe ich ähnliches in folgender Fassung:

> Ich möcht' mich unterhalten
> Mit dir von abends bis früh.
> Komm! alles ist wieder beim alten;
> Ich langweil' mich nämlich wie nie.
> Ich liebe das Meer, das nasse,
> In seinem Paradebett,
> Und bist du nicht bei Kasse,
> Ich pumpe dir das Billett.

LETZTER ABEND IM JAHR

Es ist so dunkel heut,
Man kann kaum in den Abend sehen.
Ein Lichtchen loht,
Verspieltes Himmelchen spielt Abendrot
Und weigert sich, in seine Seligkeit zu gehen.
– So alt wird jedes Jahr die Zeit –
Und die vorangegangene verwandelte der Tod.

Mein Herz blieb ganz für sich
Und fand auf Erden keinen Trost.
Und bin ich auch des Mondes Ebenich,
Geleitetest auch du im vorigen Leben mich,
Und sah ich auch den blausten Himmel in Gottost.

Es ruhen Rand an Rand einträchtig Land und Seeen,
– Das Weltall spaltet sich doch nicht –,
O Gott, wie kann der Mensch verstehen,
Warum der Mensch haltlos vom Menschtum bricht,
Sich wieder sammeln muß im höheren Geschehen.

ABSCHIED

Der Regen säuberte die steile Häuserwand,
Ich schreibe auf den weißen, steinernen Bogen
Und fühle sanft erstarken meine müde Hand
Von Liebesversen, die mich immer süß betrogen.

Ich wache in der Nacht stürmisch auf hohen Meeres-
    wogen!
Vielleicht entglitt ich meines Engels liebevoller Hand,
Ich hab' die Welt, die Welt hat mich betrogen;
Ich grub den Leichnam zu den Muscheln in den Sand.

Wir blicken all' zu *einem* Himmel auf, mißgönnen uns das
    Land? –
Warum hat Gott im Osten wetterleuchtend sich
    verzogen,
Vom Ebenbilde Seines Menschen übermannt?

Ich wache in der Nacht stürmisch auf hohen Meeres-
    wogen!
Und was mich je mit Seiner Schöpfung Ruhetag verband,
Ist wie ein spätes Adlerheer unstät in diese Dunkelheit
    geflogen.

RELIQUIE

Es brennt ein feierlicher Stern ...
Ein Engel hat ihn für mich angezündet.
Ich sah nie unsere heilige Stadt im Herrn,
Sie rief mich oft im Traum des Windes.

Ich bin gestorben, meine Augen schimmern fern,
Mein Leib zerfällt und meine Seele mündet
In die Träne meines nun verwaisten Kindes,
Wieder neu gesäet in seinem weichen Kern.

DAS WUNDERLIED

Schwärmend trat ich aus glitzerndem Herzen
Wogender Liebesfäden,

Ganz schüchtern, hervor; Nacht im Auge,
Geöffnete Lippen ...

Aber wo auch ein See lockte,
Goldene Tränke,

Starb an der Labe mein pochendes Wild
In der Brust.

Was soll mir der Wein deines Tisches,
Reichst du mir des Herzens Mannah nicht.

Süß mir, wenn ich im Rauschen der Liebe
Für dich gestorben wär –

Nun ist mein Leben verschneit,
Erstarrt meine Seele,

Die lächelte sonntäglich dir
Friede ins Herz.

Ich suche das Glück nicht mehr.
Wo ich auch unter hochzeitlichem Morgen saß,

Erfror der träumende Lotos
Auf meinem Blut.

GOTT HÖR …

Um meine Augen zieht die Nacht sich
Wie ein Ring zusammen.
Mein Puls verwandelte das Blut in Flammen
Und doch war alles grau und kalt um mich.

O Gott und bei lebendigem Tage,
Träum ich vom Tod.
Im Wasser trink ich ihn und würge ihn im Brot.
Für meine Traurigkeit gibt es kein Maß auf deiner Waage.

Gott hör … In deiner blauen Lieblingsfarbe
Sang ich das Lied von deines Himmels Dach –
Und weckte doch in deinem ewigen Hauche nicht den Tag.
Mein Herz schämt sich vor dir fast seiner tauben Narbe.

Wo ende ich? – O Gott!! Denn in die Sterne,
Auch in den Mond sah ich, in alle deiner Früchte Tal.
Der rote Wein wird schon in seiner Beere schal …
Und überall – die Bitternis – in jedem Kerne.

ABIGAIL

Im Kleid der Hirtin schritt sie aus des Melechs Haus
Zu ihren jungen Dromedarenherden.
Im edlen Wettlauf mit den wilden Pferden
Trieb sie die Silberziegen vor die Stadt hinaus,
Bis sich die Abendamethysten reihten um die Erden,
Sich nach der Tochter bangte König Saul.

Sie setzte das verirrte Tier nicht aus
Der Wüste hungernder Schakale,
Und trug am Arme blutiger Bisse Male;
Entriß das Böcklein noch der Löwin Maul.
– Der blinde Seher sah es jedesmal voraus …
Die Gräser zitterten im Judatale.

Im Schoß des Vaters schlief die kleine Abigail,
Wenn über Juda lauschte Israels Gebieter,
Hinüber zu dem feindlichen Hethiter.
– Der Skarabäus seiner Krone wurde faul. –
Treu aber hütete der Mond des Melechs Güter,
Und seine Krieger übten sich im Pfeil.

Bis der Allmächtige blies den goldenen Hirten aus.
»Den Vater Abraham« … erklärte ernst der Melech
    seinem Kinde:
»Der blieb in seinem ewigen Scheine ohne Sünde.«
Und auch sein spätes Sternlein glitzerte ganz hell und
    weiß;
Man konnte es noch funkeln sehen im Winde:
»Einst trug sein Vater es, ein Osterlämmlein, hin auf
    seines Herrn Geheiß.«

Als auf den Feldern blühte jung der Reis,
Schloß Saul die mächtigen Judenaugen beide,
Und seiner Abigail begegnete ein Engel auf der Weide,
Der kündete: »Jehovah blies die Seele deines Vaters
    aus« ...

JOSEPH WIRD VERKAUFT

Die Winde spielten müde mit den Palmen noch,
So dunkel war es schon um Mittag in der Wüste,
Und Joseph sah den Engel nicht, der ihn vom Himmel
    grüßte,
Und weinte, da er für des Vaters Liebe büßte,
Und suchte nach dem Cocos seines schattigen Herzens
    doch.

Der bunte Brüderschwarm zog wieder nach Gottosten,
Und er bereute seine schwere Untat schon,
Und auf den Sandweg fiel der schnöde Silberlohn.
Die fremden Männer aber ketteten des Jakobs Sohn,
Bis ihm die Häute drohten mit dem Eisen zu verrosten.

So oft sprach Jakob inbrünstig zu seinem Herrn,
Sie trugen gleiche Bärte, Schaum, von einer Eselin
    gemolken.
Und Joseph glaubte jedesmal, – sein – Vater blicke aus
    den Wolken …
Und eilte über heilige Bergeshöhen, ihm nachzufolgen,
Bis er dann ratlos einschlief unter einem Stern.

Die Käufer lauschten dem entrückten Knaben,
Des Vaters Andacht atmete aus seinem Haare;
Und sie entfesselten die edelblütige Ware.
Und drängten sich, zu tragen Kanaans Prophet in einer
    Bahre,
Wie die bebürdeten Kamele durch den Sand zu traben.

Ägypten glänzte feierlich in goldenen Mantelfarben,
Da dieses Jahr die Ernte auf den Salbtag fiel.

Die kleine Karawane – endlich – nahte sie dem Ziel.
Sie trugen Joseph in das Haus des Potiphars am Nil.
An seinem Traume hingen aller Deutung Garben.

GEDENKTAG

Das Meer steigt rauschend übers Land,
Inbrünstig fallen Wasser aus den Höhen.
Still brennt die Kerze noch in meiner Hand.

Ich möchte meine liebe Mutter wiedersehen …
Begraben hab' ich meinen Leib im kühlen Sand,
Doch meine Seele will von dieser Welt nicht gehen.

Und hat sich von mir abgewandt.
Ich wollte immer ihr ein Kleid aus Muscheln nähen;
In meinen rauhen Körper wurde sie verbannt.

Doch meine liebe Mutter gab sie mir zum Pfand.
Ich suche meine Seele überall auf Zehen;
Die nistete an meiner roten Felsenwand,
Und noch in meinem Auge irrt ihr Spähen.

ABENDLIED

Auf die jungen Rosensträucher
Fällt vom Himmel weicher Regen,
Und die Welt wird immer reicher.

O mein Gott mein, nur alleine,
Ich verdurste und verweine
In dem Segen.

Engel singen aus den Höhen:
»Heut ist Gottes Namenstag,
Der allweiß hier vom Geschehen …«

Und ich kann es nicht verstehen,
Da ich unter seinem Dach
Oft so traurig erwach.

WEIHNACHTEN

Einmal kommst du zu mir in der Abendstunde
Aus meinem Lieblingssterne weich entrückt
Das ersehnte Liebeswort im Munde
Alle Zweige warten schon geschmückt.

O ich weiß, ich leuchte wieder dann,
Denn du zündest meine weißen Lichte an.

»Wann?« – ich frage seit ich dir begegnet – »wann?«
Einen Engel schnitt ich mir aus deinem goldenen Haare
Und den Traum, der mir so früh zerrann.
O ich liebe dich, ich liebe dich,
Ich liebe dich!

Hörst du, ich liebe dich – – –
Und unsere Liebe wandelt schon Kometenjahre,
Bevor du mich erkanntest und ich dich.

DER HECHT

»Die Leber ist von einem Hecht
Und nicht von der Sardine.
Der schönste Fisch war Engelbrecht –
Der trocknet auf der Düne.«

»Die Leber ist von einem Hecht,
Dess' Leben war nicht zähe.
Er reimte gut, er reimte schlecht
Und starb an der Trochäe.«

ASKALON

Im Schwarzen Walfisch zu Askalon,
Leiten zwei Damen nun die Pension
Mit Sorgfalt und besonderem Takt,
Und großem Spürsinn hochbegabt.
So engagierten sie zum Abt
Im vorigen Jahre schon im Mai,
Frau Benz für ihre Wirtschaftei,
Die kocht, was uns erfrischt und labt.

UND DER PAUL GRAETZ

Der war der Großvatter in meinem Wupperkreise,
Um ihn hat sichs ja eigentlich gedreht.
Im himmelblauen Schlummerrock aus dem Gehäuse
»Tum Tingelingeling« schlich er noch mit dem Enkel spät.
Und unvergleichlich wieherte Paul Graetz in eigenartiger
     Weise,
Een ollet kränklich Roß, dat an der Seite tugenäht.

EWIGE NÄCHTE

Ich sitze so alleine in der Nacht
An meinem Tisch, der trägt noch seine Lebensfarbe.
Auf jede seiner Adern geb ich acht,
– Mich dünkt, er blutet noch aus einer Narbe.

Vielleicht stieß mal ein Messer in den Stamm
Ein Mann im Walde, – seine Lust zu kühlen.
Und reckte weit am Teiche in den Schlamm
Die Glieder, die entlasteten zu fühlen.

Er warf mit seinem Tropfen letzter Lust
Die Menschheit von sich ab in einer einzigen Wehe.
Ich wälze auch, wie er, mein »Ich« bewußt!
Ein Volk von mir, bevor ich aus dem Leben gehe.

Dich suchte unaufhörlich ich auf meinem Pfad,
Nie aber kam mein Ebenmensch mir je entgegen.
Und doch wurd' alles, was ich sann, zur Tat,
Und hat das Wort auch tausend Jahr in mir gelegen.

Und flöße Furcht ein, ob des Segens Segen,
Um Dunkelheit vor meines Tisches stillem Tal:
Ein wilder Jude mit dem Kopf des Baal.
Verwittert – ewige Nächte … Draußen fällt ein Regen.

DICHTERLAUBENKOLONIE

»Willkommen, Buddenbroks and son!
Herr Fulda hielt den Damentoast als Gentleman,
Ricarda? War da!
Sie lächelte verlegen –
Es kam ein Boy, die Jamben alle fortzufegen!
Susannâh, Vizepostata,
Der Saulus Werfel Rabunâ
›Ihne mei Herz‹ ... alles in bar.«
Hauptmann ersetzt Benzmann,
Holz ward Scholz.
Und es betont Gott Leonhard:
»Der Mensch ist gut im Backenbart.«

NIPPES

Rosen, Nelkenseifen, weiß und lila Flieder
Liegen waschgerecht in sauberen Schachteln immer
   wieder.
Zwischen Kitschodeuren und Lavendel
Pflegt man zu verpacken allerhändl
Für den Schauenden zum Zeitvertreib.
In den Tagen unserer Osterzeit,
Schäumen Osterhasen gar nicht teuer.
Besen, Scheuertücher, »Liebgeruch«, für Tante Meier,
Pinsel mit und ohne Stiel
Und zur Seite ihnen Lux und auch Persil,
Soda, Wichse, beinah viel zu viel.
Nippes sind mir all die primitiven Dinge –
Ich wand're weiter und ich singe.

KARL SONNENSCHEIN

Ein Engel schreitet unsichtbar durch unsere Stadt,
Zu sammeln Liebe für den Heimgekehrten,
Der noch den Nächsten – über sich – geliebet hat. –

Schon eine Träne für den Liebenswerten,
Ein Auge, das für seine Seele leuchtet,
Ein reines Wort, von deines Mundes rotem Blatt –

Für ihn, dem alle Sorgen ihr gebeichtet;
In seinem herben Troste lag schon seine Tat.

GENESIS

Aus Algenmoos und Muscheln schleichen feuchte Düfte …
Frohlockend schmiegt die Erde ihren Arm um meine Hüfte.
– Mein Geist hat nach dem Heiligen Geist gesucht –.

Und tauchte auf den Vogelgrund der Lüfte
Und grub nach Gott in jedem Stein der Klüfte
Und blieb doch Fleisch, leibeigen und verflucht.

Ich keimte schon am Zweig der Liebesgifte,
Als noch der Schöpfer durch die Meere schiffte,
Das Wasser trennte von der Bucht.

Und alles gut fand, da Er Seine Erde prüfte,
Und nicht ein Korn sprießt ungebucht.

Doch Seine beiden Menschen trieb Er in die Flucht!
Noch schlief der Weltenplan in Seinem Schöpferstifte.
Sie fügten sich nicht Seiner väterlichen Zucht.

Unbändig wie das Feuer zwischen Stein und Stein
Noch ungeläutert zu entladen sich versucht,
So trotzten sie!
Wie meines Herzens ungezähmte Wucht.

DAS MEER

Neugierige sammeln sich am Strand und messen
Sich am Meer und mir der Dichterin vermessen.
Doch ihre Redensart löscht aus der Sand.
Ich hab die Welt vor Welt vergessen,
Getränkt von edlen Meeresnässen.
Als läge ich in Gottes weiter Hand.

DER KARTOFFELPUFFER

An der Grenze zwischen Rheinland und Belgien nennt
man ihn: Le Reibepfannekuchen.

> Kaiser Karl zu Aachen saß
> Am liebsten auf dem Throne,
> Wenn er Le Reibekuchen aß
> Mit starker Kaffeebohne.

Beide Völker, das deutsche wie das belgische, genießen
ihn mit Vorliebe. Die Delikatesse schwimmt weiter den
Rhein herauf bis zur Schweizer Grenze.

> In Züri der Vegetarierhirt
> Stammt eigentlich aus Bayern.
> Wenn dir's mal flau im Magen wird,
> Sein Küchli schwimmt in Eiern.

In Köln, Ohligs, Düsseldorf, Neuß, Hamm, Dortmund,
Koblenz, Neuwied wirkt das Nationalgericht geradezu
elektrisch. Namentlich im Wuppertal, wo des Reibepfanne-
kuchens Pfanne stand und in Elberfeld-Barmen die But-
ter der Welt erblickte. Ursprünglich wurde er in *reiner* But-
ter gebraten; heute noch ganz ohne Butter im ärmsten
Viertel der Wupperstädte nicht. Das half and half hin-
gegen beleidigt die Zunge des Wuppertaler Feinschme-
ckers. – Großgewachsene Kartoffel schält die Köchin und
reibt sie zu Teig. Kein Mehl kommt dazu wie in der Spree-
küche, – aber einige gequirlte Eier, so eben recht frisch
gelegte Ostereier. Salz hätte ich beinahe vergessen! Daß
man den Berlinern nicht abgewöhnen kann, das begehr-
teste Gericht aller Gerichte in Nieren fett oder gar in
Schweineschmalz zu backen.

> Ach und ärscht in Dräsden, Leipzig,
> Wo die Kartoffel selber reibt sich
> In der Maschine zum Kartoffelpufferteig.

»Kartoffelpuffer« nennt der Norddeutsche unseren *lieben* Reibepfannekuchen.

> Und was zuguterletzt passieren kann,
> Freut man sich auch den Tag auf diese Zauber-
>   speise
> – Es kommt natürlich auf die Heimat Ihrer
>   Köchin an
> – Beißt man auf Zwiebeln im Familienpuffer-
>   kreise

Eßt Kartoffelpuffer! Zumal er zubereitet wie in seinem Vaterlande, er zu den leichtbekömmlichsten Speisen zählt.

> Und nicht entehrt wird von der Köchinmutter;
> Im Schweineschmalz geknuspert, armes Ferkel!
> Ja, so reicht man in Berlin den Puffer
> Oft im anspruchsvollsten Zerkel!

Und das Ungeheuerlichste ist –

> Man pflegt ihn obendrein
> Mit Zucker zu bestreuen!
>   DAS WIRD BERLIN NOCH EINMAL SEHR BEREUEN!

Gerade seine Herbheit nach Wuppertaler Rezept ist es, die der Zunge nie geträumte und gebräunte Illusionen bereitet.

> Eßt Kartoffelpuffer!!!!

Auch ich bestehe der Versuchung nicht, und lasse mich von ihm versuchen.

Lottchen (schwärmerisch): »In Süßrahmbollebutter, Männe, wird er – ein Gedicht« ...

Sogar ein klassisches:

> Wer knuspert so spät durch Nacht und Wind?
> Es ist ein Puffer in Tantchens Spind.

Übrigens:

> In den Sternen steht es groß geschrieben,
> Daß die Mondbewohner den Kartoffelpuffer lieben;
> Und ihn backen jeden Sonntag fast.
> Fragt nur Einstein, er ist oft zu Gast.

> Da schon Lucullus ihn mit Begeisterung schluckte,
> Buckte seine Köchin, die sonst Gifte spuckte,
> Den Kartoffelpuffer, ohne daß sie muckte!

> Der Schah von Persien Abdullah
> Fand im Puffer goldenes Frauenhaar.
> – Er ließ die Dame zu sich kommen …

> Selbst Bonaparte speiste ihn
> Den Reibepuffer mit der Josephin.
> Ob Werner Krauß Napoleon
> – Ihn mag? Ich glaube schon.

> Und weiter, frei nach Schillers Text,
> Bis mir der Puffer aus dem Halse wächst –
> Könnt ich Armeen aus der Pfanne stampfen,
> Sie alle würden heiß serviert und tüchtig dampfen.

> Der lieben Hedwig Wangel den ersten zur Dedikation:
> Die Hedwig Wangel backt die Puffer fromm in
>   Pflanzenschmalz
> Und würzt den Teig mit ihrer Liebe starkem Salz
> Für ihren strafentlassenen, armen Mädchenchor.
> Am Tor der Hoffnung schlingt der Puffer sich empor.

Bitte, machen Sie doch auch einmal einen Kartoffelpuffer
Reim! – Na also:

> Sitzen wir, verehrte Dichterin, wie ein Duett
> Im Sachsenhof bei dir, am Puppenherde,
> Zum Paradies wird diese Erde –
> Doch unser Puffer wie – ein – Brett.

DER SCHNUPFEN

Ich habe ihn doch wieder! Niesen ist unmodern geworden.

    In den Biedermeierjahren,
    Als die Leute noch gemütvoll waren,
    Wünschten sich: »Gesundheit!« beide Gatten.
    Oder auch: »Zum Wohlsein! wenn Sie mir gestatten.«
Haben doch die meisten Leute im Laufe der Jahrzehnte
der Tournüre Artigkeit gewissenlos eingebüßt und opfern
keine Worte weiter zur Verherrlichung des Schnupfens.
Mit Rezepten sind sie bei der Hand.
Ich trage meinen Schnupfen heute noch mit Würde,
Und klage nicht das launige Sommerwetter an.
Ich finde »klagen« irgendwie absürde,
Wenn man noch eben etwas schnaufen kann.
Nähm ein Verleger mir nur meine Bürde,
Die ungedruckt an meinen Ästen hängt.
Die vielen Verse werden erst zur Zierde,
Wenn ein Verlag sich druckreif danach drängt.
Gedichte, die ich in den letzten Jahren schmierte,
Prosa hellrosa, cetera, was liegt daran –
In die ich en passant die Welt einschnürte,
Beweise lieferte, daß ich was kann.
Und erst was können könnt, postwendend postrestant.
Was drängt ihr euch zu lindern meinen Schnupfen,
Als wären wir beinahe blutsverwandt.
– Am Abend führ ich in mein Nasenloch den Watte-
    tupfen –
Vorher – in Glyzerin getaucht und – schnarche dann.

AUS DER FERNE

Die Welt, aus der ich lange mich entwand,
Ruht kahl, von Glut entlaubt, in dunkler Hand;
Die Heimat fremd, die ich mit Liebe überhäufte,
Aus der ich lebend in die Himmel reifte.

Es wachsen auch die Seelen der verpflanzten Bäume
Auf Erden schon in Gottes blaue Räume,
Um inniger von Seiner Herrlichkeit zu träumen.

Der große Mond und seine Lieblingssterne,
Spielen mit den bunten Muschelschäumen
Und hüten über Meere Gottes Geist so gerne.

So fern hab ich mir nie die Ewigkeit gedacht …
Es weinen über unsere Welt die Engel in der Nacht.
Sie läuterten mein Herz, die Fluren zu versüßen,
Und ließen euch in meinen Versen grüßen.

MEIN BLAUES KLAVIER

AN MEINE FREUNDE

Nicht die tote Ruhe –
Bin nach einer stillen Nacht schon ausgeruht.
Oh, ich atme Geschlafenes aus,
Den Mond noch wiegend
Zwischen meinen Lippen.

Nicht den Todesschlaf –
Schon im Gespräch mit euch
Himmlisch Konzert .....
Und neu Leben anstimmt
In meinem Herzen.

Nicht der Überlebenden schwarzer Schritt!
Zertretene Schlummer zersplittern den Morgen.
Hinter Wolken verschleierte Sterne
Über Mittag versteckt –
So immer wieder neu uns finden.

In meinem Elternhause nun
Wohnt der Engel Gabriel .....
Ich möchte innig dort mit euch
Selige Ruhe in einem Fest feiern –
Sich die Liebe mischt mit unserem Wort.

Aus mannigfaltigem Abschied
Steigen aneinandergeschmiegt die goldenen Staubfäden,
Und nicht ein Tag ungesüßt bleibt
Zwischen wehmütigem Kuß
Und Wiedersehn!

Nicht die tote Ruhe –
So ich liebe im Odem sein .....!
Auf Erden mit euch im Himmel schon.
Allfarbig malen auf blauem Grund
Das ewige Leben.

MEINE MUTTER

Es brennt die Kerze auf meinem Tisch
Für meine Mutter die ganze Nacht –
Für meine Mutter......

Mein Herz brennt unter dem Schulterblatt
Die ganze Nacht
Für meine Mutter......

JERUSALEM
Gott baute aus Seinem Rückgrat: Palästina
aus einem einzigen Knochen: Jerusalem.

Ich wandele wie durch Mausoleen –
Versteint ist unsere Heilige Stadt.
Es ruhen Steine in den Betten ihrer toten Seen
Statt Wasserseiden, die da spielten: Kommen und
　　Vergehen.

Es starren Gründe hart den Wanderer an –
Und er versinkt in ihre starren Nächte.
Ich habe Angst, die ich nicht überwältigen kann.

Wenn du doch kämest ......
Im lichten Alpenmantel eingehüllt –
Und meines Tages Dämmerstunde nähmest –
Mein Arm umrahmte dich, ein hilfreich Heiligenbild.

Wie einst wenn ich im Dunkel meines Herzens litt –
Da deine Augen beide: blaue Wolken.
Sie nahmen mich aus meinem Trübsinn mit.

Wenn du doch kämest –
In das Land der Ahnen –
Du würdest wie ein Kindlein mich ermahnen:
Jerusalem – erfahre Auferstehen!

Es grüßen uns
Des »Einzigen Gottes« lebendige Fahnen,
Grünende Hände, die des Lebens Odem säen.

MEIN BLAUES KLAVIER

Ich habe zu Hause ein blaues Klavier
Und kenne doch keine Note.

Es steht im Dunkel der Kellertür,
Seitdem die Welt verrohte.

Es spielen Sternenhände vier
– Die Mondfrau sang im Boote –
Nun tanzen die Ratten im Geklirr.

Zerbrochen ist die Klaviatür......
Ich beweine die blaue Tote.

Ach liebe Engel öffnet mir
– Ich aß vom bitteren Brote –
Mir lebend schon die Himmelstür –
Auch wider dem Verbote.

GEBET

Oh Gott, ich bin voll Traurigkeit......
Nimm mein Herz in deine Hände –
Bis der Abend geht zu Ende
In steter Wiederkehr der Zeit.

Oh Gott, ich bin so müd, oh, Gott,
Der Wolkenmann und seine Frau
Sie spielen mit mir himmelblau
Im Sommer immer, lieber Gott.

Und glaube unserm Monde, Gott,
Denn er umhüllte mich mit Schein,
Als wär ich hilflos noch und klein,
– Ein Flämmchen Seele.

Oh, Gott und ist sie auch voll Fehle –
Nimm sie still in deine Hände......
Damit sie leuchtend in dir ende.

ÜBER GLITZERNDEN KIES

Könnt ich nach Haus –
Die Lichte gehen aus –
Erlischt ihr letzter Gruß.

Wo soll ich hin?
Oh Mutter mein, weißt du's?
Auch unser Garten ist gestorben! . . . . . .

Es liegt ein grauer Nelkenstrauß
Im Winkel wo im Elternhaus.
Er hatte große Sorgfalt sich erworben.

Umkränzte das Willkommen an den Toren
Und gab sich ganz in seiner Farbe aus.
Oh liebe Mutter! . . . . . .

Versprühte Abendrot
Am Morgen weiche Sehnsucht aus
Bevor die Welt in Schmach und Not.

Ich habe keine Schwestern mehr und keine Brüder.
Der Winter spielte mit dem Tode in den Nestern
Und Reif erstarrte alle Liebeslieder.

OUVERTÜRE

Wir trennten uns im Vorspiele der Liebe......
An meinem Herzen glitzerte noch hell dein Wort,
Und still verklangen wir im Stadtgetriebe,
Im Abendschleier der Septembertrübe
In einem schluchzenden Akkord.
Doch in der kurzen Liebesouvertüre
Entschwanden wir von dieser Erde fort
Durch Paradiese bis zur Himmelstüre –
Und es bedurfte nicht der ewigen Liebesschwüre
Und nicht der Küsse blauer Zaubermord.
Und meiden doch seitdem uns wie zwei Diebe!
Und nur geheim betreten wir den Ort,
Wo uns vergoldete die Liebe.
Bewahren wir sie, daß sie nicht erfriere
Oder im Alltag blinder Lust verdorrt.
Ich weinte bitterlich wenn ich es einst erführe –

AN MILL

Es tanzen Schatten in den dunkelgrünen Bäumen,
Die du so liebst, elf deiner guten Feen,
Die treu dein Haus und dich, du Rauschender, betreuen.

Wir leben lange schon im höheren Geschehen – –
Schneeweißer Damast liegt auf allen Seen
Aus Zauberseide wie in meinen Reimen.
Von einem jähen Hauche – kann der Vers verwehen.

Es gilt den Augenblick der Liebe zu vernehmen,
Da Heimat gegenseitig wir im Auge sehen.
Am Hange unserer Liebe süßes Schemen,
Erblüht die Königin der Nacht aus den Kakteen.

Schwer in den Wolkenbergen, die weich träumen,
Taumelt von Sternenrebenperlenüberschäumen
Der trunkne goldne Winzer und beleuchtet die Alleen.

ES KOMMT DER ABEND

Es kommt der Abend und ich tauche in die Sterne,
Daß ich den Weg zur Heimat im Gemüte nicht verlerne
Umflorte sich auch längst mein armes Land.

Es ruhen unsere Herzen liebverwandt,
Gepaart in einer Schale:
Weiße Mandelkerne –

...... Ich weiß, du hältst wie früher meine Hand
Verwunschen in der Ewigkeit der Ferne ......
Ach meine Seele rauschte, als dein Mund es mir gestand.

DIE TÄNZERIN WALLY

Sie wandelt an den Nachmittagen
Durch ihrer Gartengänge grüne Heiligensagen
Von frommer Dämmerung ins Himmelreich getragen.

Die Bibelfrauen: ihre Feen......
Sie hört wie sie vom Leiden der Propheten klagen,
Die schon im Weltenanfang sahn die Welt verwehen.

Sie aber lernte auf den Spitzen ihrer Füße stehen
Von den Zypressen, die das Weltenende überragen.
Zu einem sanften Tanze hebt sich leicht ihr Gehen.

Zwei weiße Schäferhunde folgen ihrem Wagen,
Erzählen ihre Gliederweisen uns vom höheren Geschehen.

ABENDZEIT

Erblaßt ist meine Lebenslust – ......
Ich fiel so einsam auf die Erde,
Von wo ich kam hat nie ein Mensch gewußt,
– Nur du, da ich vereint einst mit dir werde.

Ich bin von Meeresbuchten weit umstellt,
Jedwedes Ding erlebe ich im Schaume.
Der Mensch, der feindlich mich ereilt, zerschellt!
Und ich weiß nur von ihm im Traume.

Und so erlebe ich die Schöpfung dieser Welt,
Auf Erden schon entkommen ihrer Schale.
Und du der Stern, der hoch vom Himmel fällt,
Vergräbt sich tief in meines Herzens Tale.

Die Abendzeit verdüstert sehr mein Blut –
Durchädert qualvoll meine müde Seele.
Nackt steigt sie wieder aus der vorweltlichen Flut
Und bangt, daß sie verkörpert hier auf Erden fehle.

Und was der Tag, noch ehe er erwacht,
Versäumte morgenrötlich zu erleben,
Reicht ihm das träumerische Bilderspiel der Nacht
In lauter bunterlei Geweben.

Es bringen ferne Hände mir nach Haus
Aus gelben Sicheln einen frommen Strauß.
Der Zeiger wandelt leise um das Zifferblatt
Der Sonnenuhr, die Gold von meinem Leben hat.

Sie glüht vom Pochen überwacht
Und läutet zwischen Nacht und Mitternacht......
Da wir uns sahen in der rätselhaften Stunde –
Dein Mund blüht tausendschön auf meinem Munde.

All meine Lebenslust entfloh
Im dunkelen Gewande mit der Abendzeit.
Ich suchte unaufhörlich einen Himmel wo......
Nur in der Offenbarung ist der Weg zu ihm nicht weit.

ICH LIEGE WO AM WEGRAND

Ich liege wo am Wegrand übermattet –
Und über mir die finstere kalte Nacht –
Und zähl schon zu den Toten längst bestattet.

Wo soll ich auch noch hin – von Grauen überschattet –
Die ich vom Monde euch mit Liedern still bedacht
Und weite Himmel blauvertausendfacht.

Die heilige Liebe, die ihr blind zertratet,
Ist Gottes Ebenbild ....!
Fahrlässig umgebracht.

Darum auch lebten du und ich in einem Schacht!
Und – doch im Paradiese trunken blumumblattet.

DIE VERSCHEUCHTE

Es ist der Tag im Nebel völlig eingehüllt,
Entseelt begegnen alle Welten sich –
Kaum hingezeichnet wie auf einem Schattenbild.

Wie lange war kein Herz zu meinem mild......
Die Welt erkaltete, der Mensch verblich.
– Komm bete mit mir – denn Gott tröstet mich.

Wo weilt der Odem, der aus meinem Leben wich?
Ich streife heimatlos zusammen mit dem Wild
Durch bleiche Zeiten träumend – ja ich liebte dich......

Wo soll ich hin, wenn kalt der Nordsturm brüllt?
Die scheuen Tiere aus der Landschaft wagen sich
Und ich vor deine Tür, ein Bündel Wegerich.

Bald haben Tränen alle Himmel weggespült,
An deren Kelchen Dichter ihren Durst gestillt –
Auch du und ich.

ERGRAUT KOMMT SEINE
KLEINE WELT ZURÜCK

In meinem Herzen spielen Paradiese ......
Ich aber kehre aus versunkenem Glück
In eine Welt trostlosester Entblätterung zurück.

Ein Grübchen lächelt ahnungslos aus einer Wiese,
Ein Bach, doch auf dem Grunde dürstet sein Geschick.

Ich leide sehr um sein verflüchtend Glück –
Darum ich mich des Tauchens heller Lust verschließe.

Aus meinem Herzen fallen letzte Grüße
Vom Lebensfaden ab – dir schenk ich diese.

Die Sonne heftet im Kristall der Kiese
Noch scheidend ihren goldenen Augenblick.

Gott weint ...... ergraut kommt seine kleine Welt zurück,
Die Er in Seiner Schöpfung schnitt aus himmlischem
    Türkise.

Es lehren Flügelmenschen, die des Wegs ein Stück
Mich, meines Amtes wegen, stärken und begießen –
Und wieder jenseits in die Lüfte fließen:
Daß ich für – unerfüllte Gottesweisung – büße.

HINGABE

Ich sehe mir die Bilderreihen der Wolken an,
Bis sie zerfließen und enthüllen ihre blaue Bahn.

Ich schwebte einsamlich die Welten all hinan,
Entzifferte die Sternoglyphen und die Mondeszeichen
   um den Mann.

Und fragte selbst mich scheu, ob oder wann
Ich einst geboren wurde und gestorben dann?

Mit einem Kleid aus Zweifel war ich angetan,
Das greises Leid geweiht für mich am Zeitrad spann.

Und jedes Bild, das ich von dieser Welt gewann,
Verlor ich doppelt, und auch das was ich ersann.

ICH WEISS

Ich weiß, daß ich bald sterben muß
Es leuchten doch alle Bäume
Nach langersehntem Julikuß –

Fahl werden meine Träume –
Nie dichtete ich einen trüberen Schluß
In den Büchern meiner Reime.

Eine Blume brichst du mir zum Gruß –
Ich liebte sie schon im Keime.
Doch ich weiß, daß ich bald sterben muß.

Mein Odem schwebt über Gottes Fluß –
Ich setze leise meinen Fuß
Auf den Pfad zum ewigen Heime.

HERBST

Ich pflücke mir am Weg das letzte Tausendschön ......
Es kam ein Engel mir mein Totenkleid zu nähen –
Denn ich muß andere Welten weiter tragen.

Das ewige Leben *dem*, der viel von Liebe weiß zu sagen.
Ein Mensch der *Liebe* kann nur auferstehen!
Haß schachtelt ein! wie hoch die Fackel auch mag schlagen.

Ich will dir viel viel Liebe sagen –
Wenn auch schon kühle Winde wehen,
In Wirbeln sich um Bäume drehen,
Um Herzen, die in ihren Wiegen lagen.

Mir ist auf Erden weh geschehen ......
Der Mond gibt Antwort dir auf deine Fragen.
Er sah verhängt mich auch an Tagen,
Die zaghaft ich beging auf Zehen.

DIE DÄMMERUNG NAHT

Die Dämmerung naht – im Sterben liegt der Tag......
Sein Schatten deckt mich zu, der kühl auf einem Blatte lag,
Auf seinen roten Beeren.

Ich baute uns ein Himmelreich, dir unantastbar zu gehören
– Das an den Riffen deiner Herzensnacht zerbrach.

Die Vögel singen, und vom Nachtigallenschlag
Erzittert noch mein Bild am Wald im Bach.
Dir will ich es verehren –

Die Dämmerung naht, im Sterben liegt der Tag.

MEIN HERZ RUHT MÜDE

Mein Herz ruht müde
Auf dem Samt der Nacht
Und Sterne legen sich auf meine Augenlide......

Ich fließe Silbertöne der Etüde – – –
Und bin nicht mehr und doch vertausendfacht.
Und breite über unsere Erde: Friede.

Ich habe meines Lebens Schlußakkord vollbracht –
Bin still verschieden – wie es Gott in mir erdacht:
Ein Psalm erlösender – damit die Welt ihn übe.

AN IHN

ABENDS

Auf einmal mußte ich singen –
Und ich wußte nicht warum?
– Doch abends weinte ich bitterlich.

Es stieg aus allen Dingen
Ein Schmerz, und der ging um
– Und legte sich auf mich.

DEM VERKLÄRTEN

Ach bitter und karg war mein Brot,
Verblichen –
Das Gold meiner Wangen Bernstein.

In die Höhlen schleiche ich
Mit den Pantern
In der Nacht.

So bange mir in der Dämmerung Weh......
Legen sich auch schlafen
Die Sterne auf meine Hand.

Du staunst über ihr Leuchten –
Doch fremd dir die Not
Meiner Einsamkeit.

Es erbarmen sich auf den Gassen
Die wilden Tiere meiner.
Ihr Heulen endet in Liebesklängen.

Du aber wandelst entkommen dem Irdischen
Um den Sinai lächelnd verklärt –
Fremdfern vorüber meiner Welt.

UND

Und hast mein Herz verschmäht –
In die Himmel wärs geschwebt
Selig aus dem engen Zimmer!

Wenn der Mond spazieren geht,
Hör ichs pochen immer
Oft bis spät.

Aus Silberfäden zart gedreht
Mein weiß Gerät –
Trüb nun sein Schimmer.

SO LANGE IST ES HER......

Ich träume so fern dieser Erde
Als ob ich gestorben wär
Und nicht mehr verkörpert werde.

Im Marmor deiner Gebärde
Erinnert mein Leben sich näher.
Doch ich weiß die Wege nicht mehr.

Nun hüllt die glitzernde Sphäre
Im Demantkleide mich schwer.
Ich aber greife ins Leere.

EIN LIEBESLIED

Komm zu mir in der Nacht – wir schlafen engverschlungen.
Müde bin ich sehr, vom Wachen einsam.
Ein fremder Vogel hat in dunkler Frühe schon gesungen,
Als noch mein Traum mit sich und mir gerungen.

Es öffnen Blumen sich vor allen Quellen
Und färben sich mit deiner Augen Immortellen......

Komm zu mir in der Nacht auf Siebensternenschuhen
Und Liebe eingehüllt spät in mein Zelt.
Es steigen Monde aus verstaubten Himmelstruhen.

Wir wollen wie zwei seltene Tiere liebesruhen
Im hohen Rohre hinter dieser Welt.

IHM EINE HYMNE

Ich lausche seiner Lehre,
Als ob ich vom Jenseits höre
Sprechen die Abendröte.

Es kommen Dichter mit Gaben
Zu ihm aus ihren Sternen
Vom »Alleinigen Gott« zu lernen.

Aus ihren Marmorbrüchen
Schenkten ihm die Griechen
Das Lächeln des Apolls.

Die Körper, die ihrer Seele
Die Pforte geöffnet haben,
Werden Engel aus Rosenholz.

Ich erinnere mich meiner näher
In seinem heiligen Schwang.
Hört mich der holde Seher –
...... Schluchzen in seinem Gesang

Im Ewigen Jerusalem-Eden,
Tröstet sein Wort Jedweden
Fern überhebendem Stolz.

Im Tempelschall seiner Gebete,
Zwischen leuchtendem Kerzengeräte,
Schlürft meine Seele seinen Gesang.

......Doch oben im Dämmermoose
Welkt ergeben die Himmelsrose
– Da er ihr Herz verschmähte.

ICH LIEBE DICH ......

Ich liebe dich
Und finde dich
Wenn auch der Tag ganz dunkel wird.

Mein Lebelang
Und immer noch
Bin suchend ich umhergeirrt.

Ich liebe dich!
Ich liebe dich!
Ich liebe dich!

Es öffnen deine Lippen sich ......
Die Welt ist taub,
Die Welt ist blind

Und auch die Wolke
Und das Laub –
– Nur wir, der goldene Staub
Aus dem wir zwei bereitet:
– Sind!

IN MEINEM SCHOSSE

In meinem Schoße
Schlafen die dunkelen Wolken –
Darum bin ich so traurig, du Holdester.

Ich muß deinen Namen rufen
Mit der Stimme des Paradiesvogels
Wenn sich meine Lippen bunt färben.

Es schlafen schon alle Bäume im Garten –
Auch der nimmermüde
Vor meinem Fenster –

Es rauscht der Flügel des Geiers
Und trägt mich durch die Lüfte
Bis über dein Haus.

Meine Arme legen sich um deine Hüften,
Mich zu spiegeln
In deines Leibes Verklärtheit.

Lösche mein Herz nicht aus –
Du den Weg findest –
Immerdar.

DEM HOLDEN

Ich taumele über deines Leibes goldene Wiese,
Es glitzern auf dem Liebespfade hin die Demantkiese
Und auch zu meinem Schoße
Führen bunterlei Türkise.

Ich suchte ewig dich – es bluten meine Füße –
Ich löschte meinen Durst mit deines Lächelns Süße.
Und fürchte doch, daß sich das Tor
Des Traumes schließe.

Ich sende dir, eh ich ein Tropfen frühes Licht genieße,
In blauer Wolke eingehüllte Grüße
Und von der Lippe abgepflückte eben erst erblühte Küsse.
Bevor ich schwärmend in den Morgen fließe.

DIE UNVOLLENDETE

Es ist so dunkel heut am Heiligen Himmel......
Ich und die Abendwolken suchen nach dem Mond –
Wo beide wir einst vor dem Erdenleben,
Schon nahe seiner Leuchtewelt gewohnt.

Darum möcht ich mit dir mich unlösbar verweben –
Ich hab so Angst um Mitternacht!
Es schreckt ein Traum mich aus vergangenem Leben
An den ich gar nicht mehr gedacht.

Ich pflückte mir so gern nach banger Nacht
Vom Berg der Frühe lichtgefüllte Reben.
Doch hat die Finsternis mich umgebracht –
Geopfert deinem Wunderleben.

Und es verblutet, was du mir,
Ich dir gegeben,
Und auch das bunte Sternenzeichen
Unserer engverknüpften Hand,
Das Pfand!!

Und neben mir und dein –
Auf meinem Herzen süßgemalt enthobnem Sein
– Tröstet mich ein Fremder übermannt.

Ihm mangelt an der Ouvertüre süßem Tand
Streichelnder Flüsterspiele seiner Triebe,
Verherrlichend den keuschen Liebeskelch der Liebe.

ICH SÄUME LIEBENTLANG

Ich säume liebentlang durchs Morgenlicht,
Längst lebe ich vergessen – im Gedicht.
Du hast es einmal mir gesprochen.

Ich weiß den Anfang –
Weiter weiß ich von mir nicht.
Doch hörte ich mich schluchzen im Gesang.

Es lächelten die Immortellen hold in deinem Angesicht,
Als du im Liebespsalme unserer Melodie
Die Völker tauchtest und erhobest sie.

AN APOLLON

Es ist am Abend im April.
Der Käfer kriecht ins dichte Moos.
Er hat *so* Angst – die Welt *so* groß!

Die Wirbelwinde hadern mit dem Leben,
Ich halte meine Hände still ergeben
Auf meinem frommbezwungenen Schoß.

Ein Engel spielte sanft auf blauen Tasten,
Langher verklungene Phantasie.
Und alle Bürde meiner Lasten,
Verklärte und entschwerte sie.

Jäh tut mein sehr verwaistes Herz mir weh –
Blutige Fäden spalten seine Stille.
Zwei Augen blicken wund durch ihre Marmorhülle
In meines pochenden Granates See.

Er legte Brand an meines Herzens Lande –
Nicht mal sein Götterlächeln
Ließ er mir zum Pfande.

AN MICH

Meine Dichtungen, deklamiert, verstimmen die Klaviatür meines Herzens. Wenn es noch Kinder wären, die auf meinen Reimen tastend meinetwegen klimperten. (Bitte nicht weitersagen!) Ich sitze noch heute sitzengeblieben auf der untersten Bank der Schulklasse, wie einst ... Doch mit spätem versunkenem Herzen: 1000 und 2-jährig, dem Märchen über den Kopf gewachsen.

Ich schweife umher! Mein Kopf fliegt fort wie ein Vogel, liebe Mutter. Meine Freiheit soll mir niemand rauben, – sterb ich am Wegrand wo, liebe Mutter, kommst du und trägst mich hinauf zum blauen Himmel. Ich weiß, dich rührte mein einsames Schweben und das spielende Ticktack meines und meines teuren Kindes Herzen.

VERSTREUTE GEDICHTE

aus Prosa-Werken,
»Berliner Börsen-Courier«, »Berliner Tageblatt«,
»Das junge Deutschland«, »Das Magazin für Litteratur«,
»Der Brenner«, »Der Drache«, »Der Sturm«, »Die Aktion«,
»Die Dame«, »Die Gesellschaft«, »Die weißen Blätter«,
»Die Weltbühne«, »Frankfurter Zeitung und Handelsblatt«, »Israeliti-
sches Wochenblatt für die Schweiz«,
»Neue Zürcher Zeitung« u. a.
1899–1945.

DER ABEND RUHT

Der Abend ruht auf meiner Stirne,
Ich habe dich nicht murmeln gehört, Mensch,
Dein Herz nicht rauschen gehört –
Und ist dein Herz nicht die tiefste Muschel der Erde
O, wie ich träumte nach diesem Erdton.
Ich lauschte dem Klingen deiner Freude,
An deinem Zagen lehnte ich und horchte,
Aber tot ist dein Herz und erdvergessen.
O, wie ich sann nach diesem Erdton . . . .
Der Abend drückt ihn kühl auf meine Stirne.

DEINE SCHLANKHEIT

Deine Schlankheit fließt wie dunkles Geschmeide.
O du meine wilde Mitternachtssonne,
Küsse mein Herz, meine rotpochende Erde.

Wie groß aufgetan deine Augen sind –
Du hast den Himmel gesehn
So nah, so tief.

Und ich habe auf deiner Schulter
Mein Land gebaut –
Wo bist du?

Zögernd wie dein Fuß ist der Weg –
Sterne werden meine Blutstropfen ....
Du, ich liebe dich, ich liebe dich.

ABER ICH FINDE DICH NICHT MEHR ......

Ich gleite meinen lallenden Händen nach
Die suchen überall nach dir.

Aber ich finde dich nicht mehr
Unter den Dattelbäumen
Unter den Zweigen der Träume.

Alle meine starren Kronen sind zerflossen
Vor deinem Lächeln
Und zwischen unseren Lippen jauchzten die Engel.

Ich will meine Augen nicht mehr öffnen
Wenn sie sich nicht
Mit deiner Süße füllen.

WENN DU KOMMST –

Wollen wir den Tag im Kelch der Nacht verstecken,
Denn wir sehnen uns nach Nacht.
Goldene Sterne sind unsere Leiber
Die wollen sich küssen – küssen.

Spürst du den Duft der schlummernden Rosen
Über die dunklen Rasen –
So soll unsere Nacht sein.
Küssen wollen sich unsere goldenen Leiber.

Immer sinke ich in Nacht zur Nacht.
Alle Himmel blühen dicht von funkelnder Liebe.
Küssen wollen sich unsere Leiber, küssen – küssen.

ICH GLAUBE WIR ......

Ich glaube wir werden uns niemehr wiedersehn –
Der Morgen versteckt sein Auge vor mir.

Ich habe zu lange auf Knieen gelegen
Vor deinem dämmernden Schweigen.

O, unsere Lippen sehnen sich nach Spielen –
Wir hätten uns blühend geküßt unter den großen Sternen.

Totenschleier umhüllen
Die goldglänzenden Glieder des Himmels.
Ich glaube wir werden uns niemehr wiedersehn.

DU ES IST NACHT –

Wir wollen unsere Sehnsucht teilen,
Und in die Goldgebilde blicken …

Auf der Straße sitzt immer eine Tote
Und bettelt um Almosen.

Und summt meine Lieder
Schon einen weißgewordenen Sommer lang.

Über den Grabweg hinweg
Wollen wir uns lieben,

Tollkühne Knaben,
Könige, die sich nur mit dem Szepter berühren.

– Frage nicht – ich lausche
Deiner Augen Rauschehonig.

Die Nacht ist eine weiche Rose
Wir wollen uns in ihren Kelch legen,

Immer ferner versinken,
Ich bin müde vom Tod.

Wenn ich nicht bald eine blaue Insel finde ….
Erzähle mir von ihren Wundern!!

PABLO NACHTS

Pablo nachts höre ich die Palmenblätter
Unter deinen Füßen rascheln.

Manchmal muß ich sehr weinen
Um dich vor Glück –

Dann wächst ein Lächeln
auf deinem lässigen Lide.

Oder es geht dir eine seltene Freude auf:
Deines Herzens schwarze Aster.

Immer wenn du an Gärten vorbei
Das Ende deines Weges erblickst, Pablo,

– Es ist mein ewiger Liebesgedanke,
Der zu dir will.

Und oft wird Schimmer vom Himmel fallen
Denn es sucht dich am Abend mein goldener Seufzer.

Bald kommt der schmachtende Monat
Über deine holde Stadt;

Unter dem Gartenbaum hängen
Wie bunte Trauben die Vögelscharen,

Und auch ich warte verzaubert
Von Traum behangen.

Du stolzer Eingeborener, Pablo,
Von deinem Angesicht atme ich fremde Liebeslaute;

In deiner Schläfe aber will ich meinen Glücksstern pflanzen,
Mich berauben meiner leuchtenden Blüte.

DIE ENGEL

Die Engel deckten wolkenweiß zum Himmelsmahle,
Des hohen Heimgekehrten Herz nahm Gott aus seiner
   Schale,
Zu prüfen das geweihte widerspenstige Erz,
O Eleasars Herz rieb sich an Herz,
Entbrannte seinen Stein!
Jerusalem, in seinen Krug gieß deinen Wein
Und laß ihn gären aufbewahrt im Tale.

MARIANNE VON WEREFFKIN

Marianne spielt mit den Farben Rußlands malen:
Grün, Hellgrün, Rosa, Weiß,
Und namentlich der Kobaltblau
Sind ihre treuen Spielgefährten.

Marianne von Wereffkin –
Ich nannte sie den adeligen Straßenjungen.
Schelm der Russenstadt, im weiten Umkreis
Jeden Streich gepachtet.

Ihren Vater, der Verweser Alexanders,
Trägt sie im Medaillon um ihren Hals.
Marianne malte ihn, achtjährig war sie erst:
Hier fiel vom Himmel eine Meisterin.

Goldene Saat wächst auf ihrer Landschaft,
Wenn gottgefällig sich ein Baurenvolk
Im Kreise um die reiche Ernte freut.
Man hört vom Turm Geläut, malt sie den Sonntag.

Mariannens Bilder sind Geschöpfe,
Sie atmen und voll Leben strömen sie
Und wie ein Meer und wie ein Wald
Bergen sie auch tiefsten Frieden in sich.

Mariannens Seele und ihr unbändig Herz
Spielen gern zusammen Freud und Leid,
Wie sie so oft die Melancholie
Hinmalt mit zwitschernden Farbentönen.

CINEMA

Komm mit mir in das Cinema,
Dort findet man, was einmal war:
Die Liebe!

Liegt meine Hand in deiner Hand
Ganz übermannt im Dunkel,
Trompetet wo ein Elefant
Urplötzlich aus dem Dschungel –

Und schnappt nach uns aus heißem Sand
Auf seiner Filmenseide
Ein Krokodilweib, hirnverbrannt,
Dann – küssen wir uns beide.

IHR LIEBEN LEUTE

Ihr lieben Leute, aus den Biedermeierjahren,
Als der Poet noch Verse dichtete in Lockenhaaren,
Und die Maler »leichte« Leutchen waren,
Und des Spielmanns Lerchenherz sich kühn
Sehnte mit der Lerchin sich zu paaren,
– Wohnte man bescheiden in der Laube von Jasmin.

GOTTESKRAFT

In den höheren Regionen,
Wo der Herr und seine Engel wohnen,
Finden sich kraft Gotteskraft
Nicht Paragraphen, die bestrafen.

DIE SCHWÜLE

Ist's die Schwüle?
Geh zur Diele!
Eine einzige Eisportion
Kühlt Gewerett und Adon.
Alle Tische warten schon
Und es schliddern ihre Stühle.

EINES DICHTERS VERS

So höret, liebe Leute, diese Mordsgeschichte:
Um eines Verses wegen,
Den zu packen hat vergessen
In seine Reisetasche zu dem Essen
Und zu den Kragen er zu legen –
Um eines Verses willen... liebe Leute
(Es handelt sich um eines Dichters Vers!)
Und nicht um leerer Worte Hüllen,
Reist Stenzel wieder nach Europa heute.

KUNST

Oft hängt sein Früchtchen, sein Tableau
Im Kunstsalon, hoch über einem Rokoko!
Das ist mal in der Kunsthistorie so.

DIE SCHOKOLADENSPEISE

Denk ich an die Schokoladenspeise ...
Sei still, mein Magen mein,
Beherrsch dich weise.

TRANCE

Verstands, im Trance
Die Leute zu bekehren,
Ganz und gar
Und gar und ganz.

Und seine transformierten Engel
Bewegten sich am Bande Gängel.

MEINE PFLICHT

Und käm ich erst zum jüngsten Gericht –
Ich weiß, ein jeder Vortrag – meine Pflicht!

ARABESKENBOGEN

Auf des Mosaikes weiten Arabeskenbogen,
Beweine ich den Königssohn in Packpapier in Knitteloden,
In klassigen Examitern nach allerneusten Moden und
    Methoden.

ALS ICH NOCH RECHTSANWALT

Als ich noch Rechtsanwalt am Landgericht in Schlesien,
Haha, ha, ha, ha, hahaha!
Um mich von früh bis spät zu dösigen –
Haha ha, ha hahaha!

Bin nun die längste Zeit gewesien,
In Ober- und in Unterschlesien,
In Schlesien, Schlesien, Schlesien, Schlesien.

O, ICH LERNTE

O, ich lernte an deinem heiligen Munde
Zu viel der Seligkeiten kennen –
Schon fühl ich die Lippen Gabriels
Auf meinem Herzen brennen – –
Und die Nachtwolke trinkt meinen tiefen Cederntraum.

O, wie dein Leben mir winkt …
Und ich vergehe mit blühendem Herzeleid –
Verwehe im Weltraum in Zeit und Ewigkeit –
Und meine Seele verglüht in den Abendfarben Jerusalems.

VERWELKTE MYRTEN

Bist wie der graue, sonnenlose Tag,
Der sündig sich auf junge Rosen legt.
– Mir war, wie ich an Deiner Seite lag,
Als ob mein Herze sich nicht mehr bewegt.

Ich küßte Deine bleichen Wangen rot,
Entwand ein Lächeln Deinem starren Blick.
– Du tratest meine junge Seele tot
Und kehrtest in Dein kaltes Sein zurück.

LIEBE

Weißt du, daß du gefesselt liegst
In meiner wilden Phantasie ...
Damit du mich mit Küssen besiegst
In den schwarzen Nächten, in der Dämm'rung früh.

Weißt du, wo die Anemonen stehn
Rotfunkelnd, wie ein Feuermeer ...
Ich hab' zu tief in die Kelche gesehn
Und lasse die Sünde nimmermehr.

Und wäre sie noch so thränenreich –
Und stürbst du in meiner sengenden Glut ...
Meine Hölle verbirgt dein Himmelreich,
Und zerschmelzen sollst du in meinem Blut.

KISMET

Der Sturm pfeift über ein junges Haupt
Und zerschlägt die Götter, an die er geglaubt,
Und die gold'nen Märchen vom Glücke. –
Sein holdes Liebchen liegt unter dem Moos.
Der Tod erstarrte erbarmungslos
Die sonnigen Kinderblicke. –

Die Nachtviolen singen ein Lied,
Wenn wie Himmelsbrand das Abendrot glüht.
– Es klingt wie Engelchoräle; –
Und das Lied durchzittert die nächtliche Luft;
Es bringt ihm Grüße aus ihrer Gruft –
– Und zerreißt seine schluchzende Seele. – – –

RESIGNATION

Umarm' mich mütterlich und weich,
Und zeige mir das Himmelreich,
Du träumerische Nacht;
Und bette meine Sorgen,
In deinem Schoß verborgen,
Auf Rosen und auf Silberlaub
Im tiefen Erdenstaub.

Im Dämmerlicht, im Dämmerschein
Zerstäuben deine Träumerei'n
In blauer Wolkenpracht.
Ich rüste mich zur Tagesschlacht!
Und sehne mich nach ew'ger Nacht.
Zu schmelzen still im Abendrot,
In deinem Heilandarme, Tod.

BRAUTWERBUNG

Ihr kennt ja All' die Liebe nicht
Die in mir glüht, die in mir stürmt
Wie unerfüllte Weltenpflicht.
Das Feuer hat sich aufgetürmt
In meiner Seele Einsamkeit
Und brennt wie Steppenbrand.

Du! mit dem roten jungen Mund....
Du weichst zurück in banger Scheu?
Und nennst mein Fühlen ungesund.
Es blieb dem tiefen Drang getreu
Dem Mittage der Frühlingszeit
Im Sonnenland.

Du! mit den Augen jugendcharme....
Du schlägst sie nieder angsterfüllt?
Und fürchtest, daß mein Flammenarm
Dich an sich reißt in Nächten wild.
Nimm dir zum Schatz den Erdenmann
Ihm friert s e l b s t in der Sonne Glut.

Du! mit den Wangen südenbraun....
Du zitterst wie die Frühlingsflur,
Auf deinem Leibe will ich bau'n
Den roten Garten der Natur
Und pflanzen all die Sehnsucht an
Aus meinem ungestümen Blut.

SEHNSUCHT

Mein Liebster, bleibe bei mir die Nacht
Ich fürchte mich vor den dunklen Lüften.
Ich hab' so viel Schmerzliches durchgemacht
Und Erinnerung steigt aus den Tottengrüften.
Ich fürchte mich vor dem Heulen der Stürme
Und dem Glockengeläute der Kirchentürme
Vor all' den Thränen, die heimlich fließen
Und sich über meine Sehnsucht ergießen.

Leg' deinen Arm um meinen Leib,
Du mußt ihn wie dein Kind umfassen. –
Ich seh' im Geiste ein junges Weib –
Das Weib bin ich – von Gott verlassen ......
Mein Liebster, erzähle von heiteren Dingen!
Und ein Lied von Maienlust mußt du singen!
Und herzige Worte und schmeichelnde sagen .....
Damit sie die Raben des Schicksals verjagen.

Mein Liebster, siehst du die bleichen Gespenster?
Von mitternächtlichen Wolken getragen .....
Sie klopfen deutlich ans Erkerfenster.
Ein Sterbender will »Lebewol« mir sagen.
Ich möchte ihm Blüten vom Lebensbaum pflücken ...
Und die Schlingen zerreißen, die mich erdrücken!
Mein Liebster, küsse, – küß' mich in Gluten
Und laß deinen Jubelquell über mich fluten!

PHANTASIE

Ich schlummerte an einem Zauberbronnen
Die Nacht – und träumte einen stillen Traum –
Von Sternenglanz und Mondenblässe
Und silberhellem Wellenschaum.
Von dunkler Schönheit der Cypresse
Und von dem Glühen deiner Augensonnen.

Der Neumond kann sich nicht vom Morgen trennen –
Ich hör' ihn mit den jungen Faunen scherzen. –
Im Thale blühen heiße Purpurrosen
Und Lilien, andachtsvoll wie heil'ge Kerzen
Und sonnenfarbig, goldene Mimosen
Und Blüten, die wie meine Lippen brennen . . . . .

FRAU DÄMON

Es brennt der Keim im zitternden Grün
Und die Erde glüht unter dem Nachtfrost
Und die Funken, die aus dem Jenseits sprühn
Umschmeicheln den Sturmwind von Nordost.
Es rötet die Lippe der Natur die paradiesische Sünde
Und die Sehnsucht schickt ihre Kräfte aus, wie
    brennende Wüstenwinde. –
Als eine Natter kam ich zur Welt
Und das Böse lodert und steigt und quellt
Wie die Sündflut aus Riesenquellen
Und die Unschuld ertrinkt in den Wellen.

Ich hasse das Leben und dich und euch
Das Morgenrot und die Lenznacht.
Durch mein Irrlichtauge verirrt euch ins Reich
In den Sumpf der teuflischen Allmacht.
Die holdesten Nächte umfängt meine Gier mit blutig-
    gefärbten Banden,
Denn die Schlange, der Teufel vom Paradies ist in mir
    auferstanden.
Ein Giftbeet ist mein schillernder Leib
Und der Frevel dient ihm zum Zeitvertreib
Mit seinen lockenden Düften
Den Lenzhauch der Welt zu vergiften.

EIN KÖNIGSWILLE

Ich will: vom Leben der gazellenschlanken
Mädchen, mit glühenden Rosengedanken.
Sie sollen vor meinem Grabe stehn
Und zündend in die Tiefe sehn.
Und jubelnde Lieder vom Übermut singen
Wenn bleiche Winde durch die Totenstadt wehn
Und mit der Kraft meiner Seele ringen.

Ich will: vom Leben der wettergebräunten
Knaben, die nie eine Thräne weinten.
Sie sollen in meine Totengruft schaun
Und ihr Glück auf der Flur meiner Seele baun
Und die bleierne Luft der Einsamkeit sprengen
Und die Grabesschatten des Abendgraun
Mit ihrer blühenden Glut versengen.

Ich will vom Leben der weißen Gluten
Der Sonne, und von der Wolke Morgenbluten
Dem quellenden Rot der Himmelsbrust.
Bis meine Lippen sich wieder färben
Und junger Odem durchströmt meine Brust …
Ich will nicht sterben!

DAS LIED VOM LEID

Ich bin ein armes Mägdelein
Und weine leise im Sonnenschein......
Der Hunger kam als schlechtes Weib
Und höhnte über meinen Leib,
Der alles Leid in Unschuld trägt.

Ich bin ein armes Mägdelein
Und weine leise im Sonnenschein......
Der Hunger kam in Teufelstracht
Und hat mir dreizehn Dukaten zur Nacht
Verstohlen unters Pfühl gelegt.

Ich bin ein armes Mägdelein......
Sie jagten mich aus dem Kämmerlein.
... Nun geh' ich tanzen für kleines Geld,
Mein süßes Kind kommt tot zur Welt
Wenn der Wintersturm die Heide fegt.

BALLADE
Aus den Bergen

Er hat sich in gieriger Leidenschaft
In ein verteufeltes Weib vergafft
In seine leibliche Schwester.

Wie eine lauernde Tigerin
Schlich hinter ihm die Teufelin
Und träumte vom Geld seines Schweißes.

Im Wirtshaus bei wildem Zechgelag
Saß er und sie und zechten am Tag
Mit rohen Gesellen.

Und aus dem roten, lodernden Saft
Wuchs er ein Riese aus zwergenhaft
Verkümmerten Gesellen.

Und ihm war als blicke er weltenweit
Und sie schürte den Wahn seiner Trunkenheit
Und lachte.

Und eine Krone von Felsgestein
Den golddurchäderten Felsgestein
Saß ihm auf seinem Kopfe.

Und er dünkt sich als leibhaft'ger Satanas
»Gott verdammt, ich bin der Satanas!«
Und der Wein sprühte Feuer der Hölle.

Und die Stürme sausten wie Weltuntergang
Und die Bäume brannten am Bergeshang
Es sang die Blutschande......

Und sie holten ihn um die Dämmerzeit
Und die Gassenkinder schrien vor Freud
Und bewarfen ihn mit Unrat.

Seitdem spukt es in dieser Nacht
Und Geister erscheinen in dieser Nacht
Und die frommen Leute beten.

Sie schmückte mit Bändern ihren Leib
Und ein Gaukelspieler nahm sie zum Weib.
Nun trägt sie flitternde Kleider.

Und ihn fraß der dürre, nagende Gram
Für die Sündenlust, die ihn überkam.
Und heut wankt er, ein Greis durch die Gassen.

Wie leidender Frevel
Wie das frevelnde Leid
Überaltert dem lässigen Leben.

Und er sieht die Weiber so eigen an
Und sie fürchten sich vor dem alten Mann
Mit dem Totenkopf ......

DIE LIEBE

Verstecke mich in deinem Süßblut
Nähe mich in den Saum deiner Haut ein.

Immer tragen wir Herz vom Herzen uns zu.
Pochende Naht
Hält unsere Schwellen vereint.

Wo mag der Tod mein Herz lassen?
In einem Brunnen, der fremd rauscht –

In einem Garten, der steinern steht –
Er wird es in einen reißenden Fluß werfen.

Mir bangt vor der Nacht
Daran kein Stern hängt.

Denn unzählige Sterne meines Herzens
Vergolden deinen Blutspiegel.

Liebe ist aus unserer Liebe vielfältig erblüht.
Wo mag der Tod mein Herz lassen?

ALFRED KERR

Jakobsohn und Jakobfritzen
Lassen die Tinten spritzen
Wasserfarbenrot.

Und Mühsam, eh ichs vergesse,
Kain heißt seine Presse;
Kein Jakob schlägt sie tot.

Und Pfemfert der Aktionäre,
Zieht mich in die Affaire:
Ob Dr. Kerr tut not?

Was Dr. Kerr bedeute
Für die Literatur von heute –
Ein Silberling im Brot.

O, ICH HAB DICH SO LIEB

Dein Goldblond nimmt nur
Meinen Hauch an.

Aber ich mag mich
Dir nicht nahen ...

Die großen Blutbuchen
Meiner Träumerei
Färben meine Nächte,

Ich bin Wasser!
Immer schlägt wilde Welle
An mein Herz.

Über dunkel Gestein
Und schweigende Erde
Muß ich,

Über Gottes Grab.
Wie schmerzt mich meine Trauer.

ALS DER BLAUE REITER WAR GEFALLEN

Griffen unsere Hände sich wie Ringe; –
Küßten uns wie Brüder auf den Mund.

Harfen wurden unsere Augen,
Als sie weinten: Himmlisches Konzert.

Nun sind unsere Herzen Waisenengel.
Seine tiefgekränkte Gottheit
Ist erloschen in dem Bilde: Tierschicksale.

DER HIRTE

Der Hirte träumt auf seinem Wiesenhügel,
Und im Palazzo ruhen Dogenhände wie die Flügel
Der teppichbuntgestickten Engelin
Im Maschenreiche Farbenspiele grün.

Und für den Dogen blüht der Hirte nur
Und seine Schafherzgarbe schmückt das weiße Haus
Viel manniginniger als alle Blumen auf der Flur,
Denn immer hauchte er sein Leben aus.

Und sitzt Paolo wie St. Marcus auf dem Thron
– Im Regenbogen lächelt süß der Friede –
Goldtönen die Apostel auf der Sonnenuhr
Und seine Stadt schwimmt fern auf seinem Liede …

Die Wolle seiner Herden kräuselte sich schon
Und lächelnd trieb der Knabe sie zur Schur
Und zungenredete von seiner sanften Prozession.

GEORG KOCH

Seelisch verstaubt –
Oft trägt sein Hals schon seine Totenmaske.

Ganz, ganz ernst
Ist der Bildhauer Georg Koch;

Verstorben, aber balsamiert von den Oliven,
Die an seinen Träumen hängen.

Er liebt den Süden der Welt;
Wir reisen oft von Napoli,

– Unsere abenteuerlichen Sinne
Sind weiße Segel –

Heimlich auf einem Gespensterschiff
Nach Palästina.

Kein Jude begegnet den Juden feierlicher
Wie dieser Christ mit den blauen Schubertaugen.

Seine Geschöpfe formt er nach seinem Ebenherzen,
Sie springen unerwartet aus ihm,

Wie die Zwangsgrimasse, die so oft
Über sein vornehm gemessenes Gesicht schleicht.

Denn sein Herz ist sicher ein Katerkopf,
Geweiht hinter grausamen Gittern heilig.

Was Georg ballt und schafft?
Nicht dumpf Tier, nicht klar Mensch,

Aber jede seiner Kreaturen,
Haucht er Geist und Odem ein,

Den keine Wissenschaft gewinnen kann
Geschweige der Kunstdilettant,

Dessen Machwerke nicht atmen
Und so kein ewiges Leben in sich tragen.

Des wahren Künstlers edelste Eigenschaft
Heißt »Gott«.

– Die seltsam gehauenen Steine im Atelier Kochs?
Vielleicht sind es gestaltgewordene unheimliche Gesänge.

Jeder der Köpfe blickt, und hört,
Ja, belauscht und übertönt sich mit seinen entrücktesten
   Gefühlen.

Ihr Schöpfer ist der erste und einzige
Futuristische Bildhauer.

Einer seiner düsteren Propheten
Könnte wahrhaft »Baß« heißen.

Dieser wie alle Tongebilde Georg Kochs blicken in sich
Religiös, einsiedlerisch, streng bezwungen.

Im Dämmer wie des stillen Bildhauers Kopf.

DIE SCHAUSPIELERIN

Tilla! Ruft sie Gemahl,
Dienerin, Magd
Und Aras, der Papageimandrill.

Diese Bühnenherrin, die so sehr
Des Kindes Zuspruch
Und großer Zärtlichkeit bedarf.

Die Kulisse atmet,
Und unter ihren Füßen
Ballt eine Erde sich auf.

Blüht ein Tal,
Rauscht ein verwegener Strom,
Murrt Lava im Fels.

Als sie die Katharina spielte,
Trug diese slawische Simsonin
Rußland auf ihrer Schulter ins Haus.

Wie im Leben voll Mut
(Mut macht einen Charakter aus),
Las sie aufbäumende Verse,

Kämpfte mit zurückgelassenem Wort
Fern weilender Dichter
Immer wieder aus Gerechtigkeit.

Mit altem Hugenottenblute gemalt,
Im Ebenholzrahmen auf Elfenbein vergilbt,
Lächelt Tilla aus der Urahnin Antlitz.

Und wie sie sich entzaubern kann,
Bleibt sie auch immer eine schenkende Schelmin,
Ein weiblicher Nikolas.

Aus St. Paulis Matrosenkneipe,
So eine Lose … »Komm in meine Lie--beslaube«
Trillert sie wirklich charmant;

Um am Abend aus weißem Opal
Die Rhodope im Theater zu spielen:
Geweihte Frau im häuslichen Hain.

Den Schauspielen Shaws
Setzt sie eine schimmernde Nase auf.
Dann ist Tilla die große Clownin.

Barlach formte ihren Kopf
In bläulich Porzellan.
Als Kleopatra malte sie Slevogt.

Senken sich ihre witternden Vogelaugen,
Dann schwankt die Bühne vor Todesbeben:
Alkestis.

Oft aber schweben die seltsam seltenen,
Grauen Vögel unter feinen Brauenbogen weit fort,
Als ob sie nie wiederkehren.

CARL SCHLEICH

Strindbergs Zwillingsbruder.
Auf ein Haar gleichen sich die Königstigerköpfe.

Wenn Schleich von Strindberg erzählt,
Heimwehen seine gelben Augen leidenschaftlich.

Ich glaube, die Freunde gingen
Unter e i n e r gestreiften Haut.

Es glitzert um Carls feinen Mund
Wenn er feierlich an August denkt ....

Immer wurde ihr Gespräch
Ein Konzert.

Denn auch Carl Schleich ist ein Dichter
Abenteuerlich setzt er wie der Unvergeßliche

Im kühnen Weltensprunge
Durch den Reif in Gottes zeitlicher Hand.

Die Medizin studierte Carl
Am Gerippe der Ewigkeit:

Denn sein Gehirn ist ein Leuchtturm
Wenn sein wogendes Herz waghalst;

Ritzt sich oft am Dorn des Kranken,
Des Leidens Ursache zu erspähen.

Faulende Beine und Füße,
Hände und Arme sägt der Doktor vom Stamm

Und rettet dem welkenden Menschen
den Sommer –

Tausendundsiebzehnjährig lächelnd, ein träumerischer
   Schwarzseher
Tritt er manchmal an unsern bunten Caféhaustisch:

»Kinder bald schieb ich ab«......
Er meint dann ernsthaft, er ende noch am Abend.

Wie in allen künstlerischen Menschen Leben und Sterben
   schimmert,
Hängt auch an Schleich der Tau der Eingebung;

Und er feiert Dasein, Grablegung und Himmelfahrt.
Auf jeder Seite seiner Büchertestamente wächst ein Wunder.

ARIBERT WAESCHER

Zur Zeit des Nazareners
War er ein starker Jünger.

»Arib«! So nenne ich meinen herrlichen Freund.
Tief religiös ist er.

Jedes Jahr pflückt er das Evangelium
Glitzernd vom Weihnachtsbaum.

Aber auch vergoldete Äpfel und Nüsse
Und Herzen aus Chocolade.

Freut sich darauf wie der fünfjährige Ari,
Der so viel Liebe von Mutter und Vater empfing.

Er sehnt sich noch immer nach süßen Beteurungen
– Der Riese.

Schlägt er die Fransen seiner Lider auf,
Wird es blaublaublau.

Sein Schritt auf die Bühne
Hob seinen Traum nicht auf, erhöhte ihn.

Seine Stimme wurde antik:
Ein Hektor in des Theaters Arena.

Thau im Klang, bebend vor Kraft,
Dennoch Zurückhaltung im Ausbruch bewahrt.

Wie vornehm spielte er den Holofernes;
Und nicht als ungeschlacht Raubtier.

Dabei freut sich Niemand neidloser
Am Spiel des Andern wie mein Freund.

Namentlich weiß er den Bassermann
Unendlich zu verehren.

Wie erst versteht er Freund zu sein
Dem Freunde brüderlich.

In der Passion saß Aribert zur Rechten Jesu,
Ein junger Petrus: Knecht und Wille zugleich.

Ergriff es mich mächtig, ich weinte,
Als er schlicht und entsetzt zu Ischariot sagte:

»Du wirst dir doch von unserm Herrn
Nicht die Füße waschen lassen!«

Dann – mit welchem Blutbeben
Er selbst seinen Fuß dem Rabbuni reichte.

Sehr oft wandeln wir beide
Durch die alte und neue Testamentwelt;

Und waren schon im Himmel einmal
– bei Gott.

AN DIE EINWOHNERSCHAFT BERLINS

Ihr lieben Leute laßt Euch sagen
Daß ich seit Jahren keine Wohnung hab.
Und die es lesen will ich fragen,
»Wer läßt mir einige Zimmer ab?«

Damit wir uns nun auch vertragen –
Mit eigenem Eingang Vorder- oder Hinterhaus!
Geteilte Wohnung, abgeschlagen,
Möbliert, auch leer macht mir nichts aus.

O überlegt und laßt mich nicht verzagen.
Ich, die ich Euch so viele Verse gab;
Gern will die Kosten ich der Miete tragen
Vom Tag des Einzugs bis ins kühle Grab.

JUSSUFF ABBU
Seiner guten Mutter

Er ruht auf seinem niederen Diwan wie im Elternhaus.
Das steht in Safeth unter schwärmerischem Himmel,
In ihm denkt sehnsüchtig die Mutter an den Jussuff.

Und auf der Tonplantage seines Ateliers,
Die weißen Menschen blicken leis vom Stein verschleiert,
Geheimnisvoll nach Osten.

Erschaffen kunstvoll und verhüllt behütet,
Fromm leben Jussuff Abbus Steingeschöpfe.
Sorgfältig forschen muß man ihren Wert.

Es atmet schwermütig der Stein,
Es lächeln Lippen lieblich liebentlang,
Im Marmormädchen blüht ein Herz.

–! Da – hinter Eisengittern – ja träumt man? –
Brüllt Abbus junger Tiger braungefleckt:
»Zuckeri nja siddi?«

Ganz ehrerbietig redet Jussuff seinen Gast:
»Herr« Mohammed an.
So er beweist die Hoheit aller Edeltiere.

Und spricht die Sprache der Beduinenfürsten,
Die von den Wüstenvögeln ihre Laute lernten.
Als Kind ritt er auf wildem Pferde mit den Stämmen.

Ganz weiß ist Jussuff Abbus Herz geblieben.
Doch seine Brauen, urwäldlich verwachsen,
verfinstern seine Galiläeraugen.

Sucht er den Psalm der Jemeniterpriester,
Schwebt jeder Harfenton hebräisch zu Jehovah
Vom heiligen Künstlertempel Abbus bis ins blaue Reich.

PAUL GANGOLF

Braungebrannt kommt er geschritten
(Eben mal durchs Café)
Von Neapel, manchmal auch von Salzburg.

Um mit Freund und Freund in Freundschaft
(Eine Nacht wirds doch) zu plaudern.
Gangolfs Herz ist innig.

Unser liebster Kamerad
– Das verlorene Kind –
Väterlich und mütterlich sind wir zum Paul.

Und er spielt so gerne Großsein
Auf der bunten Murmelwelt,
Die er überm Tisch uns zurollt.

Immer wieder »lebend noch!«
Kam er, sich zum Teufel wünschend,
Schwermütig und todgütig von der Front heim.

Wenn wir damals durch die Straßen schlenderten, –
Ich der Prinz, Er in seiner Uniform:
Ein staubmüder Kriegsgraf;

Der die Schlacht der Völker hinnahm
Wie das Schicksal eines Wandgemäldes,
Dessen Farben schreien.

Ernst ist es Paul Gangolf mit dem Malen
Und dem Zeichnen und Radieren:
Feste, gefahrvolle Gewebe.

Abenteuer jedes seiner Bilder
Aus feinstem Nerv.
Dort überm Kirchturm tanzt der Schwärmer.

Eisenbahnen rasen kreuz und quer
Wie über die Geleiselinien
Auf der Fläche seiner starken Hand.

– O, die Sehnsüchte seines Herzens –
Zerfleischt wandeln sie, Gerippen
Durch den Strahl der Feder schaurig.

Unerhört erschütternd sein Selbstbild –
– Mondloses –
Extrakt des tiefsten Alleinseins.

– Aber zwischen seinen spielerischen Wänden
Pflegt er mit Vorliebe Bauherr zu sein:
Puppentheater, Papierschauspieler und Tänzerinnen
    herzuzaubern.

Wüßt' ich ein Wort für das degenerierte
Altmeisterlich und affektierte Wort »Genie« –
Es paßte auf Paul Gangolf.

PAUL LEPPIN

Er ist mein liebster Freund,
Er ist der König von Böhmen.

Wenn ich von ihm spreche
Lege ich mein Feierkleid an.

Gedenkt er meiner –
Spielen die Spieldosen im Schrank;

Oder die Uhr an der Wand
Schlägt eine tiefe Stunde.

Er läutet Selbst und läutert,
Paul Daniel Jesus, ein junger Papst.

Sein Herz pilgert immer
Fromm in die Ewigkeit ...

Ganz einsam, aber in großen Zügen
Trinkt er die bittere Traube der Welt.

Sein Antlitz, ein schimmernder Totenkopf:
Die große Auferstehung.

Der erschafft aus einem Blutstropfen
Das Werk,

Und gibt ihm den Namen
Von seinem Gebein.

Paul und sein Sohn der kleine Ritter:
Ein Goldgemälde: Alter Meister,
Im Rahmen der Stadt Prag.

DER HANNEMANN

Sein Vater, dessen Vater schon war Intendant in Tilsit.
Seine Mutter: Böhmin. Karl: Ein Zigeuner!

Er lebte auch am liebsten: Immerdurchdiewelt,
Auf Rädern von zwei spielerischen Apfelschimmeln
Ort zu Ort gezogen.

Als Jüngling saß er gerne unter Ästen spät im Herbst.
Ich bin verliebt in seine achtzehn Jahre!
Zwischen Herz und Herzblatt
Trage ich Wachholderkarls Konterfei.

Berlin S. W. am Halleschen Tor wohnt Karl Hannemann
Mit seinem sorglich treuen Freunde King am Spreekanal,
Der Karl würde sonst am Dorn des Lebens hängen
    bleiben.

Er träumt und säumt und schäumt,
Trägt er uns seine Verse, seine Dramen vor
Bis sich der Dämmer meldet,
Grau ans Fenster pocht.

Mit einem schwärmerischen Vollakkord lullt uns so gern
Wachholderkarl zärtlich ein.
Er weiß, wir lieben ihn, wenn er Klavier spielt.

Und wie erst – so er mit dem hölzernen Hämmerchen
Die Trällerchen vom Kämmerchen
Ein Liedchen auf der kleinen Holzklaviatur
So dahin lieb klimpert.

Karl Hannemann – ich sah ihn schon vor Jahren
Die Rolle von »dem« spielen, der die Maulschellen kriegt.
Frau Andrejew wünschte ihm begeistert Glück nach dem
    Theaterschluß.

Ich schenkte ihm ein Schiff, das steht auf seinem
    Eckbrett.
Und eine Spieluhr: Ach, wie ist es möglich dann –
    jedoch –
Ich holte mein Präsent am andern Tage reuevoll zurück.

Die Bühne ist mit Karls Herz verwachsen,
Sein Fuß verwurzelte mit ihrem Holz.
Er erbte seiner Väter buntes, stolzes Komödiantenblut.

ABRAHAM STENZEL

Als Abraham ganz jung war,
Nannte Gott ihn: Hamid.

Ich weiß es noch, denn erst viertausend
Und ein Schaltjahr ist es her.

Ich hing zwar noch am Baum
Im Schatten einer Cocospalme.

Mein Spielgefährte Abraham Stenzel
Gährte mit dem Mark im Stamm.

Begraben sind die Bibeljahre längst –
Wir beide tragen nur noch sehnsüchtig den Flor

Um unsern blauen Hut,
Der demütig die Stirn vor Gott bedeckt.

Der Hamid ist der Dichter des Jargons
Des Ghettoplatts.

Wenn er es spricht, hilflos und rührend,
Pocht an mein Herz das Jugendvolkslied

Er ist ein inniger innerlicher Dichter
Und seine Unverfälschtheit macht ihn liebenswert.

Wenn wir nach Mitternacht
Im Winter vom Romanischen Caféhaus

Zusammen leiernd durch den Schnee
Wie durch die Wüste trabten,

Kopf geneigt – überall Saharah:
Zwei edle Wüstentiere er und ich.

In seinen grünen Jordanaugen
Erinnern Träume sich vom Erzvater?

Und jedem Südenwinde blickt er nach,
Der über seine schwarzen Haare streicht.

Ich liebe seiner schönen Verse Kabala
Sie trägt sein frommes Angesicht als Medaillon.

SIGISMUND VON RADECKI

Ein baltischer Edelmann, Mensch und Dichter,
Und Sigismund und Schwärmer und Verweser.

Melancholie stritt schmerzlich mit des Herzens Juliüppigkeit,
– Die Lieblingsschwester, seine Dichterin, lag fern im
    Todesrot.

Als er mir ihren Abschiedsbrief ergriffen vorlas:
    »Herzlieber Bruder mein …«
Begruben wir den lieben Engel unter stillen Worten.

Sigismunds gewaltiges Erdenherz hat Jahreszeiten:
Glück, Himmel, Sturm und Tod.

Und wer erlebte nicht einmal die Laune seiner Laune:
    Schelm,
Der sitzt auf seiner Zungenspitze, spitzt und pfeift den
    ersten April.

Der Sigismund besucht noch manchmal die Obertertia
    im Traum,
So brachte er mir strahlend einen blauen Falter unter
    Glas wie Zensur 1 ins Haus.

Und wir bekennen uns zu Kinonitern Schulter an
    Schulter,
Ausgerüstet mit Fruchtbonbons, begeistert ziehen wir in
    manchen blutigen Film.

Von Schweden Svenska hin nach Troja I., II. Teil, wo der
    Achill

Mit den unnahbaren Händen dem Patroklos schrecklich
  Opfer bringt.

Auch Chaplin spielt im Mozartsaal; wie wir den hoch
  verehren!
Zwischen Dumier und Christian Morgenstern sitzt er im
  Tempel: Kunst.

Und wir verkürzen uns den Abendrest,
Indem wir Reime reimen auf Chaplin, den Kosmiker der
  Komiker.

Und einmal liebte Sigismund ein Paar blaue Augen......
Da prallte heißer Dichtung Mittagssonne auf sein
  liebevolles Herz.

Auch seine Übersetzung wird zur eigenen Dichtung,
Da ihm gelingt, Tönung und Farbe pietätvoll zu
  bewahren.

Puschkin und Gogol wurden ihm zu übertragen
  anvertraut,
Ins Deutsche, das er unvergleichlich stark beherrscht.

Er kaufte einen ungeheuren Bogen, einen Samowar voll
  Tinte
Und sitzt von früh bis spät in seinem kleinen Kreml,
Wo seine Feder voll vom schwarzen Blute klebt –!

JANKEL ADLER

Man nennt ihn überall den lieben Jankel.
Wir sind aus einer Stadt und gingen in dieselbe Schule
Und schlidderten mit Vorliebe über zugefrorene Gossen.

Der liebe Jankel hatte damals schon zwei Knospen im
    Gesicht,
Die tun sich heute auf verklärt und bibelvoll
Erzählt er uns vom Balchem.

Im Traum zur Nacht trägt man ihn feierlich,
Wie seinen Urrabunivater einst auf Zweig und Blatt
Vom stillen Walde in die Hallelujastadt.

Weiht er doch jedes Bildnis, das er malt,
Mit dichterischer, großer Harfenschrift
Seinem jungen Gotte Zebaoth.

Und selbst dem Argen unter den Gestalten,
Dem trügerischen Goldverleiher mit dem Fuchshaar,
Heiligt der Davidstern des alten Judenbluts!

Die Wupperstadt mit rosigem Sterbevogel –
Im Morgenrot und frühen Tod und brüderlichen Psalm:
»Mein kleines Schwesterlein ruht hier in Frieden.«

Und ebenso voll Herrlichkeit das Bildnis seines Freundes:
Aribert des großen Schauspielers Wäscher in Berlin:
Durchsichtig aus Buntkristall, Farbe kristallierte sich.

Hingegen im begabten Maler Seyferts Kopf
Wird Jankels Farbe zu geronnenem Blut.
Schauervoll ... Herzschlag setzt aus.

Im wahren Sinn des Wortes malte aus der Vogel-
    perspektive
Mein Heimatfreund krähend den »Hahnenverkäufer«.
(Es riecht tatsächlich nach Gefieder.)

In dieser Bildeshöhe zeitlosem Geschmeide
Wird Jankel Adler der hebräische Rembrandt.

HANS JACOB

Die Eltern waren ihm so früh gestorben, –
Und eine Fremde hütete ihr Hänschen

Wie aus dem Osterei geschält,
Adrett saß es, sechsjährig, comme il faut,
Im französischen Gymnasium in Berlin;

Im Schillerkragen und langwehender Kravatte,
Den Ordinarius überfältigt, tout à fait,
Der kleine Chevalier.

Und seine Liebe wuchs mit jeder Klasse
Zu den Poeten Frankreichs.
Der elegante Futuristenhäuptling hatte es ihm angetan.

Der war des Staunens übervoll!
Wie oft sah ich im alten Café Westen
Marinetti mit dem Knaben lebhaft plaudern.

Dann kam der Krieg. –
Zum Teufel! – Ihm zum Ärger ausgerechnet gegen
    Frankreich!! –
– Und zog doch seinen Brüdern an die Front nach.

Als junger Offizier schon übertrug er: Balzac
Und andere große Romanciers ins Deutsche.
Ich rate zu der spannenden Lektüre.

Der Übersetzer las mir öfters die Poeten –
Nicht allzulange ist es her –
In Theben im Palast vor.

Die kosten dem Hans Jacob schlummerlose Nacht.
Und unermüdlich scheint auf seine Arbeit klar der
   Mond.
La lune nennt man in Frankreich seinen goldenen
   Freund.

ERNST TOLLER
(Seiner Mutter)

Er ist schön und klug
Und gut.
Und betet wie ein Kind noch:
Lieber Gott, mach mich fromm,
Daß ich in den Himmel komm.

Ein Magnolienbaum ist er
Mit lauter weißen Flammen.
Die Sonne scheint –
Kinder spielen immer um ihn
Fangen.

Seine Mutter weinte sehr
Nach ihrem »wilden großen Jungen« ...
Fünf Jahre blieb sein Leben stehn,
Fünf Jahre mit der Zeit gerungen
Hat er! Mit Ewigkeiten.

Da er den Nächsten liebte
Wie sich selbst –
Ja, über sich hinaus!
Verloren: Welten, Sterne,
Seiner Wälder grüne Seligkeit.

Und teilte noch in seiner Haft
Sein Herz dem Bruder dem –
Gottgeliebt fürwahr, da er nicht lau ist;
Der Jude, der Christ ist
Und darum wieder gekreuzigt ward.

Voll Demut stritt er,
Reinen Herzens litt er, gewittert er;
Sein frisches Aufbrausen
Erinnert wie nie an den Quell …
Durch neugewonnene Welt sein Auge taumelt

Rindenherb, hindusanft;
»Niemals mehr haften wo!«
Hinter kläglicher Aussicht Gitterfenster
Unbiegsamen Katzenpupillen
Dichtete Ernst im Frühgeläut sein Schwalbenbuch.

Doch in der Finsternis
Zwiefacher böser Nüchternheit der Festung
Schrieb er mit Ruß der Schornsteine
Die Schauspiele – erschütternde – der Fronarbeit:
In Kraft gesetzte eiserne Organismen.

PAULE

Ach, der Paule ist nicht mehr zu retten
Und wurde gestern doch erst sechzehn Jahr.
Wenn wir ihn wenigstens in Obertertia hätten!
Wir sandten ihn zum Onkel nach Amerika,
Zur schwarzen Tante nach Südafrika,
Und weiß nicht mehr in wieviel anderen Städten.

Oh, an Paule, möcht' ich leider wetten,
Stotterte Herr Ordinarius, ist kein gutes Haar.
Legte man den Bengel auch in Ketten,
»Ggglauben Sie es mir, Mamama!«
Seine beiden Töchter aber, Miezekind und Barbara –
Seht den Paule mit den netten Kletten
Gerade eilen über das Trottoir.

HEDWIG WANGEL

Auf Paryros steht geschrieben:
Hedwig Wangel.

Sie ist St. Petrus Schwester,
Der zur Rechten des Nazareners saß.

Eigentlich heißt sie:
Petra.

Im Gedanken reicht sie den Krug
Ihrem Herrn.

Sie trocknet seinen ehernen Fuß
Mit ihren starken Haaren.

Und blickt zum Edelrabbi auf
Durch schimmernde Wimper.

Und zittert für das auferstandene Leben
Jesus Christus.

Den sie erkannte ungestüm
Fernhin im Abendlande.

Sie betet auf Golgatha
Seiner Seele nach.

Und wandelt über Jerusalems Wolken
Und wuchtigen Schritts durch seine morschen Gänge.

Eine religiöse Generalin,
Jesus Christus ihre Majestät.

Petra: Weißglühende Felsin,
Hedwig: Tannenbaum im Garten Gethsemane.

Phantastische Eroberin,
Die über sich den Bann sprach.

Künstlerin, herab vom Thron der Bühne stieg
Zur grauen Wurzel.

Armen ihr Blut reichte,
Dem Lauen frisches Herzblut schenkte.

Heiligenschein blüht um ihr Herz
Und eine Säule ist ihr klarer Sinn,

Darauf geprägt ihr Lieblingswort:
»Nur der, der reinen Herzens ist,
Wird Gott schauen.«

GEBOREN 1883

Geboren 1883 am 1. Mai
Und nicht am 11. Februar,
Als mich der Storch im Osterei
Am Rand des Teiches zappeln sah:
Ich konnt ein Wort nicht finden,
Das sich reimt auf diese Welt –

DIE VERSUCHUNG

Aus Frühlingsblüten schleichen feuchte Düfte –
Schling deinen starken Seemannsarm um meine Hüfte.
Mein Geist hat nach dem heilgen Geist gesucht.

Und tauchte auf den Vogelgrund der Lüfte.
Und grub nach Gott in jedem Stein der Klüfte.
Und blieb nur Fleisch leibeigen und verflucht.

Ich aß im Paradies vom Gifte,
Als noch der Schöpfer durch die Meere schiffte,
Das Wasser trennte von der Bucht.

Und Alles gut fand, da Er seine Erde prüfte,
Und nicht ein Korn blieb ungebucht.

Ich schreibe diesen Vers an Ihn mit ehernem Stifte.
Mein Seelenheil zerschellt am Maste seiner Wucht.

Schling deinen starken Seemannsarm um meine Hüfte.
Ich wandte mich von Gott, da Er mich hat versucht.

FRED HILDENBRANDT

Ein deutscher Gentleman
Rittersporn schmückt seine Gesinnung.

Er saß viel unter Birken
Zwischen lichten Baumbräuten.

An sie erinnert jede Frau,
Die reinen Herzens ihm begegnet.

Er ist religiös,
Weihrauch umwölbt ihn blau.

Da manchen Strahlenvers er schrieb
Madonna in den heimatlichen Schnee.

Wie ihn denk ich mir Eichendorff;
Mein erster Dichter.

Streift Hildenbrandt auch nicht
Durch alter Zeiten Dichtung Tal;

So fließt sein blumig Wort
Gutedler Wein ganz echt ins Blut.

Herzgabe sein Essay,
Im Abendrote einsam hingezaubert.

Erzogen ist sein Herz, das ziemt den Dichter,
Takt, männliches Geläute, Domzucht

Und Klugheit übte sich mit Mut,
Und was er dichtet, flößt dem Leser Achtung ein.

ICH WOHNE

Ich wohne im Sachsenhofe
Im schönsten Hotel von Berlin
Und lese die Katastrophe
Nämlich, von meinem Ruin.
Daß ich Kuverts verkoofe
à fünf Mark – immerhin –
mein lieber Fred, na weißte
nicht, was und wer ich bin?

ARTHUR HOLITSCHER

Der große Abenteurer vom Jahre: 2000,
Der chinesische Maharadscha.

Am Zweig der Klugheit blüht
Der Aberglaube bis zum Duft.

Seinen Namen hat er versenkt
Ins Meer.

Seine Geburtsstadt liegt am Abhang
– wo im Traum.

Unheimlich spielt Meergrün mit Pupille
Im verhangenen Aug.

Sein Herz ist auch Juchten,
Ein Necessaire reisebereit.

Immer sitzt er auf Deck
Die Welle steigt: Champagner über seinen Kopf

Aber Dämmerung umhüllt seine Schulter
Monde spalten seinen Talar.

Undurchsichtig ist seine Stirn,
Anbetend das Licht Ghandis.

Die Wände seines Hauses, unbegrenzt,
Der Lloyd sein Monogramm.

Er landet jäh! Oft weltenüberdrüssig;
Den treusten Freund trifft dann sein Speer.

Immer aber voll Bewunderung
Raunen Menschen wie Wälder um ihn.

Die Frauen liebt er rätselhaft:
Ein artiger Pagodengötze.

Sein Freiheitskampf aber färbt
Die Erdkugel sprießend.

Hängt seine Seele auch an träumender Stunde
Blutsverwandtem Abendrot –

Majestätischer Genosse dem Genossen
Sein Wort birgt eine Volksdemonstration.

Ein Dichter, der dem mühselig Beladenen
Den reichen Inhalt seines Lebens reicht.

AM FERNEN ABEND

Du bist so weit von mit entfernt
Am Abend zwischen deinen Freunden;
Meist ist das Dunkel über uns entsternt …
Dann leide ich wie unter Feinden.
Doch glühen die Lichte in den Wolkenzweigen,
So sind sie alle unser Eigen.

Und manchmal kommt ganz weich die Luft
Und streichelt meine und dann deine Wange.
Und deine Stimme ist es, die mich ruft,
Aus allen Stimmen gleitend, in der Halle.
    Und mich umarmen viele Himmel in dem Schalle.

Ich finde aber auch in deinen Augen keine Rast
Und keinen Trost im stummen Zuspruch deiner Reden –
Ich fiel der Liebe und sie mir zur Last.
Mein letzter Schimmer leuchtet heim den Gast,
Ein stilles Kleinod für jedweden.

Und weiß, daß du alleine lieb mich hast … ganz alleine.
Und bin ich dir auch unbegreiflich fast,
So sagen all die weichen Worte, daß ich weine.

DIE ERKENNTNIS

Unaufhörlich fällt ein frischer Regen
Auf das durstige Erdreich und auf meine Haut.
Ich will mich mitten in der Weltenmitten legen,
Bevor der Mensch und auch das Tier wird laut.

Ich wachse wie das Blatt im Wassersegen
Und ehe noch der frühe Morgen graut,
Bin ich ein Wald, und Sonne säumt auf meinen Wegen,
Da ich auf ewigen Wandel mich hab aufgebaut.

So ungeklügelt, ohne zu erwägen,
Wächst gottentsprossen selbst das ärmste Wegekraut,
Nur die »Erkenntnis« liegt im menschlichen Vermögen.
Doch sie zur letzten Deutlichkeit zu pflegen –
Vermag man, wenn der Zapfen aller Überhebung taut.

HERBST

Auf einmal mußte ich singen ...
Und ich wußte nicht warum.
Doch abends weinte ich bitterlich.

Es stieg aus allen Dingen,
Ein Schmerz und der ging um –
Und legte sich auf mich.

Stürmische Wolkendepeschen
Erschrecken den Weltenraum;
Und die Beeren der Ebereschen
Die winzigen Monde am Baum.

ICH SCHLIESS DAS FENSTER

Ich schließ das Fenster zu; betrübt ist mein Gemüt ...
Die letzte Drossel singt der einzigen Beere noch ihr
    Liebeslied,
Die Rosenstöcke überwintern unterm Moose in der
    Grube.
Ich leide mit den Stämmen ob des grünen Raubes;
Es labt sich stürmisch der Novemberbube
Am gärenden Smaragd des späten Laubes.
Und steckt sich frische Fröste an den Hut.
Mit einem Pfiffe kühlt er meine Stube,
Jedwedes Nest mit seiner späten Brut.

WIR STEHEN LÄNGST

Wir stehen längst geknickt wo angelehnt,
Am grauen Steine einer alten Mauer,
So ausgelöscht und haben uns gesehnt,
Nach einem einzigen Lichtchen in der Weltentrauer.
Wie nie auf einmal standen wir im Glanz …
Und unsere feierlichen Äste hingegeben,
Verklangen ineinander wie ein Tempeltanz.
Was soll ich weiter – und auch du – mit deinem Leben,
Lichtlosem Dasein, das hell über Nacht – und –
    umgebracht –
Mit deinem funkelte noch eben.

ICH LIEGE WO AM WEGRAND ÜBERMATTET

Ich liege wo am Wegrand übermattet –
Und über mir die finstere, kalte Nacht
Und zähl schon zu den Toten, längst bestattet.

Wo soll ich auch noch hin von Grauen überschattet,
Schutzengel haben nur auf Kinder acht –
Doch glaubt ich, daß ihr Menschen lieb mich hattet.

Die ich vom Monde euch mit Liedern still bedacht,
Und weite Himmel blauvertausendfacht;
Nur weil ihr Gott zur Ehre alles tatet.

Die heilige Liebe, die ihr blind zertratet,
Ist ja Sein Ebenbild! – Ihr habt es umgebracht,
Zu dem ihr herzhinpochend einst gewallfahrtet.

Darum auch lebten du und ich in einem Schacht
Und doch im Paradiese blumumblattet –
Bis wir erlagen hold versunken schwarzer Niedertracht.

HÖR, GOTT

Hör, Gott, wenn du nur etwas lieb mich hast,
Send mir aus deinen lichten Reichen,
Das Licht der Liebe mir zu Gast.
Bei meiner weißen Kerze glaubt ich fast,
Die Grenze der Erleuchtung zu erreichen.
Es wachsen alle Sterne hoch am Wolkenast
Und wurden strahlende Geschwister, Gott, in deinem
    Zeichen …
Nur unsere Erde ist erblaßt –
– Und ihre Seele schreit zu dir aus Leichen.

LEOPOLD KRAKAUER

Himmelsgewölbe, die zur Erde gefallen,
Sich zu versteinen und zu vereinen zu Bergketten.

Grau und sandfarben, doch vom Sonnenuntergang
    gefärbt.
Schreien sie auch auf der Zeichnung
Bunttobend zu Gott!

Leopold Krakauers Zeichengemälde
Sind Geschöpfe.

Von der Gestalt ungeheurer Kameelbuckel,
Wie im Luftrahmen der Natur ganz enthäutet.

Man vernimmt das Herz des Wüstenberges
Noch entschlafen pochen auf dem Bilde.

Pochend mit den Toten in der Gruft des Ölbergs.
Am Gottestor der Auferstehung grünendem Rebstocks.

Der Maler haucht, ein Schöpfermensch,
Den Bildern Seele ein.

Liebreich wie Gott den Heiligen Berge:
Sinais, dem Gestein Moabs und Gilboas.

Des Malers Höhen erheben sich –
Weit über Stift und Blatt zur Ewigkeit empor.

In ihren steinumrissenen Schalen,
Ruhen Adern, Gewebe und Organ.
Und überall greises grenzenloses Schweigen …

Ursprüngliche Bauten, Kuppel über Kuppel;
Man sucht, ein müder Gotteswanderer, die Pforte.

Erzsynagogen der Erzengel,
Die sich versammeln zur Flügelgemeinde.

Heroisch erbaut aus geronnenem Blut, Staub und
    Erleuchtung,
Verewigt der Maler: Ewigkeiten.

All seine stolzen Sarkophage auf den Bögen,
Bewahren Gottes »verlorenes Ebenbild«.
Der Menschheit verlorengegangener Schatz! …

Was sind wir Geschöpfe ohne Gottes bewegendes
    Lächeln?
Ich weiß es nun: Erkaltete Berge und Hügel.

In den Tagebuchzeichenblättern »L Ks.«,
Hast du die Bildsprache der Schöpfung nicht vergessen,
Erfaßt den Betrachtenden: Göttliche Weisheit.

MEIN VOLK

Mein Volk wird morsch,
Dem ich entspringe
Und meine Gotteslieder singe.

Jäh stürz ich vom Weg!
Und riesele ganz in mir,
Fernab, allein über Klagegestein
Dem Meer zu!

Hab mich so abgeschäumt
Von meines Blutes Mostgegorenheit,
Und immer, immer noch der Widerhall in mir,

Wenn schauerlich das alte Felsgebein
– Mein Volk!
– Zu Gott schreit.

MUTTER

Es singt ein weißer Stern sein Totenlied
wie Sterbegeläut in der Julinacht,
und die Wolkenhand auf dem Dach,
die streifende, feuchte Schattenhand,
sucht nach der Mutter.

Ich fühle mein nacktes Leben,
fröstelnd stieß es sich ab von Mutterland;
so nackt war nie mein Leben,
nie so in die Zeit gegeben,
als sei ich längst abgeblüht.

Hinter der Tage erloschenem Schein,
zwischen zwei Nächten,
den zwei sich belauernden Mächten,
friere ich mutterseelenallein.

DIE ESSAYS

Verlegt bei Bruno Cassirer, Berlin 1920.

MAX HERRMANN

Er ist der grüne Heinrich, und alle glauben es, wenn ich das sage. »O ja, er ist der grüne Heinrich.« Seine Augen sind grün, sein Haar ein geschorener grüner Wiesenfleck; seine Eidechsennase – immer schlängelt sie sich. Und sein grüner Primanermund schwellt noch an vor Erwartung. Und seine Seele ist grün und tief, ein heller Schilfteich, man kann daraus Schachtelhalme, Leuchtkäfer, Jesusblumen und gesprenkelte Blätter fürs Herbarium sammeln. In seinem Dachzimmer, ich nehme an, er wohnt mit seinem Lenlein schräg unterm Hutrand des Hauses, leben sicher viel Kreaturen in Gläsern, Kröten, Fische, Quabben – und in Spiritus die Paradiesschlange zu sehen! Und noch lauter Großknabendinge. Lenlein, die Grünheinrichfrau ist eigentlich ein Heiligenmädchen, betet den grünen Heinrich an. Der ist ganz klein, trägt einen Hügel auf dem Rücken, so daß man ihn erst, wenn man mit ihm reden will, besteigen muß und es viel schwieriger fällt, zu ihm zu gelangen wie zu Menschen, die alltäglich in die Höhe, manche nach unten, aufgeschossen sind. Grünheinrichs Mutter hat gerne Märchen gelesen, und ihr Sohn kam in ihrer Traumwelt zur Welt; ihre Augen mögen wie bei Kindern groß geglänzt haben, als auf einmal der grüne Heinrich in ihren Händen lag mit einem Stern in der Schläfe, wie er nur Dichtern von Gott selbst verliehen wird. Der grüne Heinrich ist ein Dichter, und seine Gedichte sind große pietätvolle Wanduhren, schlagen herrlich, wenn er sie vorträgt.

PETER HILLE

»Es dauert höchstens zwanzig Minuten, Peter!« Er nickte
lächelnd – aber er vergaß auch sofort wieder, daß er den
Kopf nicht hin- und zurückbiegen durfte, von der Zei-
tung auf und nieder, und so kam's, daß ich entweder das
rechte oder das linke Auge nicht an seinem Platz oder die
Nase zu lang im Verhältnis zur Stirn zeichnete. Und
manchmal nahm er noch seinen Bleistift und beschrieb
andächtig den weißen Rand des Zeitungsblattes.

»Du kannst gleich weiterzeichnen, schrecklicher Tyrann
du!« sagte er und las mühsam entziffernd sein eigenes
Schreiben. Es waren einige steinige Einfälle, die er seinem
Myrdin und seiner Viviane ferner vermachen wollte. Und
er zog die große vergilbte Papierrolle aus seiner Mantel-
tasche und las von den beiden Menschen, die älter waren
als Adam und Eva, von seinem Menschenpaar Myrdin
und Viviane. Die sprachen eine Sprache, mit der am ers-
ten Schöpfungstage sich Himmel und Erde erzählten – –
sie waren mit der Erde zugleich erschaffen – gewachsen
mit der Erde – aus der Erde; ja, das fand auch Peter …
»Da magst du recht haben!«

Und er saß, den Kopf herabgesenkt auf den großen
Lehnstuhl nahe dem Ofen in seinem olivenfarbigen Man-
tel, als ob er die Wärme mit sich nach Hause nehmen
wollte.

Eines Abends klingelte es um halber Mitternacht – das
sah Peter ähnlich. Seine Augen lachten mutwillig wie Kna-
benaugen, die einen Streich hinter sich hatten. »Der Ver-
leger hat mir Vorschuß gegeben – Tino, toller Kerl, komm
mit! Wir sitzen alle in der Weinrebe.«

Und Peter sah aus wie ein Bacchus, seine Seele war aufgeblüht wie einer der Weinberge in Alt-Athen. Und wir saßen um ihn im Kreise und sangen: fahrende Schüler, wie die Jünger des Weins aus der bacchantischen Szene seines Werkes »Des Platonikers Sohn«. Wir waren der Most, der Lenz des Weines, das Leben, das wildsüße Auf- und Niederbrausen.

> »O Wein, du lieber, dummer Wein,
> Was willst du da im Kerker sein?
> Hervor du rieselnde Sonne,
> Und laß die alberne Tonne.
>
> Weißt du denn nicht, du dummer Wein,
> Bin Bruder Lustig, frisch vom Rhein,
> Ein Kenner erlesener Tropfen,
> So laß mich nicht harren und klopfen!«

Am Morgen in meinem Halbschlaf sah ich Peter; durch seinen langen Bart guckten blaue und gelbe Weinaugen mutwilliger kleiner Dionysinnen mit roten Pausbäckchen und kecker Faunbuben mit frechen Schwänzchen. Und die neckten ihn und zupften ihn an seinen langen Kraushaa- ren, jauchzten und sprangen um den großen Bacchus, und ein ganz kleines, ängstliches Bacchüschen kroch in seine weite, weite Ohrmuschel. Und wir alle saßen zu seinen Füßen, und er erzählte von seiner Frühjugend, von seinen vielen Liebchen – ja, ja, Bacchus mußte verliebt sein.

Einmal an einem Wintermorgen kam Hugo, der Lands- knecht, wie ihn Peter seines rauhen Organs und seiner kecken Launen wegen nannte. »Kommen Sie mit, Prinzes- sin! Peter ist krank, wir wollen ihn besuchen.« »Und wis- sen Sie auch, Hugo, daß heute sein Geburtstag ist?«

Davon wußte er nichts, der Ungläubige. Und wir zogen
gen Norden, und als wir durch das Tor seines Hauses tra-
ten, lagen vor uns Treppen, zu besteigen wie künstliche
Gebirge aus Brettern. »Na, det is man scheene, dat Se sich
bis her verstiegen han – – denken Se so wat, er is mir jes-
tern dot in de Arme jeblieben! …« Und Peters gemütliche
Wirtin drückte mich an ihren Busen, aus dem der dicke
Atem jammerte. Und sie geleitete uns durch die Küche bis
an Peters Kammertür, drückte diese behutsam auf und
blickte zunächst vorsichtig durch die Spalte. »Nu kommen
Se sachte rin!« – – Und da lag der Peter wirklich in seinem
Nest halb aufgerichtet: ein kranker grimmiger Geier. Der
Kragen seines Mantels hing wie ein dunkler Fittich über
dem Bettgestell, und einer der Füße, mit dem Stiefel an-
getan, scharrte ungeduldig an der senfgelben tapezierten
Wand. Als er uns sah, war es, als ob er uns nach und nach
erst erkannte, und er fuhr durch seinen Bart wie ein rei-
ßender Herbststurm. »Setzt euch, wenn ihr Platz findet,
ihr Einbrecher, ihr Störenfriede, setzt euch!« Aber nicht
allein der Boden, sondern auch das tausendjährige Sofa
war begraben unter großen, gelben Papierflocken. Wir
setzten uns auf das kleine Fensterbrett und stellten unsere
Füße sündhaft auf die gefüllten Säcke, die, wie wir später
hörten, die Manuskripte der Dramen Peters enthielten.
»Du, Peter, ich will dir den Doktor holen«, sagte der
Landsknecht besorgt. Oh, und das klang so lächerlich,
und die dicke Wirtin hatte et och jewollt, »er will aber
nich«. »Der Doktor soll mir wohl Sonne oder Mairegen
für meinen Katarrh verschreiben?« Und Peter lächelte
wieder wie Frühlingsanfang, und auf einmal begann er
laut zu reden: »Heute abend muß ich noch ins Theater.«
Da fiel seine alte dicke Wirtin vor Schreck auf das tau-
sendjährige Sofa. »Sie wollen im Thiater jehn, Sie?« »Na

gewiß«, antwortete Peter und machte die Bewegung, aus dem Nest zu fliegen. In der Küche seufzte die Gute und meinte: »Na, so nötig hat er det Schreiben doch ooch nich, wo er bei uns is!« Und sie brachte ihm zur Fürsorge die dampfende Hafergrütze und zwei Schmalzstullen ins Zimmer. Und dann sich vor uns entschuldigend, sagte sie: »Er ist so reene wie eene Jungfer, ick seh schon, wie se ihm später in de Kirche uffbahren als Heiligen.«

Es war ein kalter Nachmittag; der Mond blähte sich auf zwischen seinen Sternen wie ein goldener Bauch, ein wohlbeleibter Dukatenmillionär. Peter und ich wanderten wohl schon stundenlang durch die Straßen Berlins, durch die Bleiluftgegenden mit den kahlen, grauen Häusern, in denen der Hunger mit seinen tausenden Kindern wohnt. Und über dieser Gegend spazierte behaglich durch das weite Land der Wolken der fette Mond, der satt an Gold getrunkene Mond. »Aber, Tino, ich wußte ja gar nicht, daß du ein kleiner Bebel bist.« »Ja, ich denke an die armen, blassen Kinder, die nie in die Sonne sehen, und an dich, Peter, an dich, dem die Welt ihr jubelndstes, tiefstes Spiel schenkte und das Leben eine Stiefmutter ist.« »O du Fromme«, sagte Peter leise zu mir. Nach einer Weile blieb er unter einer Laterne stehen, nahm ein kleines schwarzes Heftchen aus der großen Manteltasche und schrieb.

Das tat er oft, und ich ging gemächlich des Weges weiter. Wir kamen über einen großen Platz. Vielleicht gaben die schloßartigen Bauten mit den gegossenen Toren, die eisernen Hüter der königlichen Gärten, Peter den Anlaß, mir zu erzählen, daß sein Vater der Fürst S. aus Westfalen sei und seine Mutter eine Leibeigene. Ich war gar nicht verwundert darüber, als ich seine schlanken Hände betrachtete.

»Meine Mutter«, erzählte er weiter, »war eine stille, blasse Frau. Ich kann mich kaum an den Ton ihrer Stimme erinnern; aber als ich meine ›Brautseele‹ dichtete, hörte ich ihr Blut aus meinem Herzen singen, sanft und dann sehnsuchtswild, wie eine einsame Spätherbstblume.« Wir schwiegen beide lange Zeit, über Erinnerungen wandelnd, bis es Abend läutete und die Glocken uns erweckten.

Wir fragten einen Mann, der an uns vorübereilte: »Wie kommen wir aus dem Tiergarten wieder auf die Straße?« Und wir bogen und wendeten uns, bis wir glücklich den Weg wiederfanden. »Sieh, Tino, hier tief im Dickicht habe ich Wochen zugebracht und Dunkelheiten getrunken! Oh, das waren einzige Gottnächte!«

Aber ich sah schmerzlich auf seine eingefallenen Wangen.

Ich ging, meiner Ahnung vertrauend, voraus. Peter studierte indessen noch die Hausnummern gegenüber dem großen Gebäude, in das ich eintrat. Und wirklich, hier wohnte Gerhart Hauptmann. Er kam mir schon im Treppenflur entgegen, ja, er war es. »Herr Hauptmann, ich bringe Ihnen den Peter Hille lebendig hier; er hätte sicherlich wieder die verabredete Stunde versäumt.« »Sah ihn schon von meinem Fenster aus«, rief Gerhart Hauptmann, »und komme, den Peter selbst heraufzuholen.« Und der Herrliche sagte zu Hauptmann, mir schelmisch zunickend: »Dies ist mein Kamerad, Tino nenne ich sie. Es ist der Name ihres Blutes, die grünrote Ausstrahlung ihrer Seele.« Wir setzten uns, nachdem Hauptmann zärtlich den Mantel von Peter Hilles Schuller genommen hatte. Auf den Tischen lagen überall Journale, die meines Propheten Dichtungen enthielten, auch »Des Platonikers

Sohn« fehlte nicht, das wundergroße Schauspiel. Hauptmann schwang es triumphierend in die Höhe. Und ich hörte lauter Melodien; der Dichter Worte wurden Lieder. Und Hauptmanns stolzes Gesicht neigte sich seinem hohen Gaste zu, die Quelle seines Herzens zu erreichen, denn wie aus Leben gehauen saß Peter Hille in dem weiten, klaren Raum, sein Bart wallte ungeheuer.

KARL KRAUS

Im Zimmer meiner Mutter hängt an der Wand ein Brief
unter Glas im goldenen Rahmen. Oft stand ich als Kind
vor den feinen pietätvollen Buchstaben wie vor Hiero-
glyphen und dachte mir ein Gesicht dazu, eine Hand, die
diesen wertvollen Brief wohl geschrieben haben könnte.
Darum auch war ich Karl Kraus schon wo begegnet – – in
meinen Heimatjahren, beim Betrachten der kostbaren
Zeilen unter Glas im goldenen Rahmen. Den Brief hatte
ein Bischof geschrieben an meiner Mutter Mutter, ein
Dichter. Blau und mild waren seine Augen, und sanft-
bewegt seine schmalen Lippen und sein Stirnschatz wohl-
bewahrt, wie bei Karl Kraus; der trägt frauenhaft das Haar
über die Stirn gekämmt. Und immer empfangen seine
Augen wie des Priesterdichters Augen gastlich den Träu-
menden. Immer schenken Karl Kraus' Augen Audienz.
Ich sitze so gerne neben ihm, ich denke dann an die Zeit,
da ich den Schreiber des Briefes hinter Glas aus seinem
goldenen Rahmen beschwor. Heute spricht er mit mir. Ich
bewundere die goldgelbe Blume über seinem Herzen, die
er mir mit feierlicher Höflichkeit überreicht. Ich glaube,
sie war bestimmt für eine blonde Lady; als sie an unseren
Tisch trat, begannen seine Lippen zu spielen. Karl Kraus
kennt die Frauen, er beschaut durch sie zum Denkvertreib
die Welt. Bunte Gläser, ob sie fein getönt oder vom ein-
fachsten Farbenblut sind, behutsam behütend, feiert er die
Frau. Verkündet er auch ihre Schäden dem Leser seiner
Aphorismen – wie der wahre Don Juan, der nicht ohne
Frauen leben kann, sie darum haßt – im Grunde aber nur
die Eine sucht. Ich begegne Karl Kraus am liebsten unter
»kriegsberatenen Männern«. Seine dichterische Strategie
sind Strophen feinster Abschätzung. Ein gütiger Pater mit

Pranken, ein großer Kater, gestiefelte Papstfüße, die den Kuß erwarten. Manchmal nimmt sein Gesicht die Katzenform eines Dalai-Lama an, dann weht plötzlich eine Kühle über den Raum – Allerleifurcht. Die große chinesische Mauer trennt ihn von den Anwesenden. Seine chinesische Mauer, ein historisches Wortgemälde, o, plastischer noch, denn alle seine Werke treten hervor, Reliefs in der Haut des Vorgangs. Er bohrt Höhlen in den Samt des Vorhangs, der die Schäden verschleiert schwer. Es ist geschmacklos, einen Papst zu hassen, weil sein Raunen Flüsternde stört, weil sein Wetterleuchten Kerzenflackernden heimleuchtet. Karl Kraus ist ein Papst. Von seiner Gerechtigkeit bekommt der Salon Frost, die Gesellschaft Unlustseuche.

Ich liebe Karl Kraus, ich liebe diese Päpste, die aus dem Zusammenhang getreten sind, auf ihrem Stuhl sitzen, ihre abgestreifte Schar, flucht und sucht sie. – Männer und Jünglinge schleichen um seinen Beichtstuhl und beraten heimlich, wie sie den grandiosen Zynismusschädel zu Zucker reiben können, O, diese Not, heute rot – – morgen tot! Unentwendbar inmitten seiner Werkestadt ragt Karl Kraus ein lebendiges, überschauendes Denkmal. Er bläst die Lufttürme um und hemmt die Schnelläufer, den Königinnen mit gewinnendem Lächeln den Vortritt lassend. Er kennt die schwarzen und weißen Figuren von früher her von neuem hin. Mit ruhiger Papsthand klappt er das Schachbrett zusammen, mit dem die Welt zugenagelt ist.

DOKTOR BENN

Er steigt hinunter ins Gewölbe seines Krankenhauses und schneidet die Toten auf. Ein Nimmersatt, sich zu bereichern an Geheimnis. Er sagt: »Tot ist tot«. Dennoch fromm im Nichtglauben liebt er die Häuser der Gebete, träumende Altäre, Augen, die von fern kommen. Er ist ein evangelischer Heide, ein Christ mit dem Götzenhaupt, mit der Habichtnase und dem Leopardenherzen. Sein Herz ist fellgefleckt und gestreckt. Er liebt Fell und er liebt Met und die großen Böcke, die am Waldfeuer gebraten wurden. Ich sagte einmal zu ihm, Sie sind allerleiherb, lauter Fels, rauhe Ebene, auch Waldfrieden, und Bucheckern und Strauch und Rotrotdorn und Kastanien im Schatten und Goldlaub, braune Blätter und Rohr. Oder Sie sind Erde mit Wurzeln und Jagd und Höhenrauch und Löwenzahn und Brennesseln und Donner. Er steht unentwegt, wankt nie, trägt das Dach einer Welt auf dem Rücken. Wenn ich mich vertanzt habe, weiß ich nicht, wo ich hin soll, dann wollte ich, ich wäre ein grauer Samtmaulwurf und würfe seine Achselhöhle auf und vergrübe mich in ihr. Eine Mücke bin ich und spiele immerzu vor seinem Angesicht. Aber eine Biene möcht ich sein, dann schwirrte ich um seinen Nabel. Lang bevor ich ihn kannte, war ich seine Leserin; sein Gedichtbuch – Morgue – lag auf meiner Decke: Grauenvolle Kunstwunder, Todesträumerei, die Kontur annahm. Leiden reißen ihre Rachen auf und verstummen, Kirchhöfe wandeln in die Krankensäle und pflanzen sich vor die Betten der Schmerzensreichen an. Die kindtragenden Frauen hört man schreien aus den Kreißsälen bis ans Ende der Welt. Jeder seiner Verse ein Leopardbiß, ein Wildtiersprung. Der Knochen ist sein Griffel, mit dem er das Wort auferweckt.

FRITZ HUF

In Frankfurt am Main saßen wir uns gegenüber beim Maler Starke. Nach dem Abendschmaus boxten wir uns. Er trug, seiner holländischen Freundin zuliebe, Sackhosen wie die Fischer im Hafen von Rotterdam, ich meinen Arbeiterkittel. In der Frühe saß ich ihm zu meinem Tonbild, aus mir den thebetanischen Prinzen zu holen, steinhart, unentwegt, souverän, fromm, Sternsichel auf der Stirn. Wir sprachen nie, feierten diese Sitzungen. Doch einmal sagte einer von uns beiden: »Kunst ist der Zustand nach dem Tode.« Der andere von uns antwortete da: »Oder vor dem Leben.«

Dann kamen von Ober-Ursel ein paar große Kunstkenner, seine neuesten Werke zu betrachten und ihn, den Bildhauer selbst. Die Hände in den weiten Taschen. Braun glänzten seine Augen wie Herzkirschen. Und seine kindliche Freude über jedes Lob! »Herr Professor, essen Sie Mohrrüben, Mohrrüben; ganz Indien hat keinen Wurm mehr seitdem.« Jedem Abschiednehmenden reichte er mit auf den Weg ein Buch von seinem weisen Indier und Fakir Mazdaznan.

Nun wohnt Fritz Huf in Berlin schon zwei Jahre. In seinem Atelier stehen, nicht mehr aus Ton oder Terrakotta, schlanke Rosenweiber oder heilige Dreimädchengestalt und dazwischen mein prinzliches Gebilde. Hufs wundervolles Spiel wurde bewußte, starke Arbeit; er selbst ein Kind, wurde Geschöpf. Fritz Huf ist ein Geschöpf, das nicht wandelbar ist, aber das sich verwandeln kann. Seine Kunst ist ein Gorilla, der ist nicht heiter, aber bösgreifend wie das Leben. Mitleidslos reißt er an dem Stein, daß der Fleisch werde, und verzaubert den Menschen zu Stein. Auf einem breiten Block steht Wegeners

Kopf: kecke Wucht, böser Fastnacht. Die blonde Frau mit
den Tigeraugen und den süßherben Brombeerlippen ist
die dichtende Fürstin Mechthild Lichnowsky. »Und hier«,
erklärt mir Fritz Huf geheimnisvoll, »der ist ein großer
Arzt.« Und da – der Kopf des Doktor Blei hinter dem
Vorhang wirkt: Reptil aus grausam grauem Glas.

Gestern schrieb ich Fritz Huf: Gorilla von Rütli (er ist
nämlich Schweizer), kommen Sie hierher ans Meer, hauen
Sie mir ein steinernes Etui für dies unendliche, rauschende
Perlengeschmeide.

Immer Ihr Prinz

FRITZ WOLFF

Ich schrieb einmal aus der Ferne an den Zeichner: Sie und
Ihre Frau behalten immer eine Silberquaste meiner blauen
Seele in der Hand zurück und darum bin ich nie ganz und
gar abwesend aus Berlin, wenn ich längst die Stadt verlas-
sen habe. – Sonntags kommt manchmal auch der däni-
sche Märchenerzähler zu Wolffs – nur seinen Namen
kann ich nicht behalten. Aber über unserm Beisammen-
sein hängt eine nickendtickende Uhrgroßmutter; zu jeder
Stunde schenkt sie uns ihren tieftönenden einlullenden
Segen. Ich bin dann plötzlich ganz klein, wir vier werden
Kinder – lauschen … und unsere Gedanken springen
sorglos über die Geleise des Alltags. Wir spielen den Ulk
aus Fritz Wolffs farbigen Bilderbogen, die hinter den
Ladenfenstern auf die Straße lachen. Und wenn nicht
»das Mädchen«, wie der Fritz Wolff seine Frau nennt, uns
hinterrücks mit einem riesenrosinenknusperigen Kriegs-
kuchen überfiel, den wir bewältigen müssen, so würden wir
selbst nicht an diese »süße« Wirklichkeit erinnert werden.
Die himmelhelle und die grassaftig angestrichene Stube
tragen Schmachtlöckchen, und im dritten Stübchen, darin
viel und weißgeblümter Battist rauscht, hängt sein Selbst-
bildnis im Rosenrahmen zwischen Fritz Wolffs lächelnder
Ahnin und ihrem wohllöblichen Vetter aus Alt-Berlin im
Bratenrock und steifem Vatermörder. Aber auf einem
Wandtischchen stehen aus buntem Schaumzucker ein paar
heilige Tiere: das Lamm trägt ein Glöckchen um den
leckeren Hals und ist besonders fromm und altmodisch
immer neu für meinen verehrten Fritz Wolff und sein
gutes Mädchen gebacken. Auch meine Freude für allerlei
Tand teilen meine beiden liebsten Menschen in Berlin,
und wir bringen uns auserlesene Spielereien mit von Rei-

sen aus großäugigen Welten. Dieses Glück haben wir uns
auch im Kriege zu bewahren gewußt, wenn auch unser
Zeichner Fritz Wolff fern auf hartem Boden im Osten
Soldatenbilder zeichnete und die Köpfe vieler Generäle
und Obersten der Schlachten. Die Spitze seines Stifts
taucht er in sein feines, künstlerisches Blut, so daß seine
Zeichnungen wie auf Seide gezeichnet wirken. Irgendwo
aber in seinem übervollen Herzen setzt ein Schelm auf
einem schwanzausgerissenen Steckenpferdchen über alle
steife Zeremonie hinweg wie die Maxmoritzschlingel,
deren Streiche er so schön zu illustrieren versteht.

Bevor wir Abschied nehmen für diese Woche, muß
der – Andersen der – Texière noch die Geschichte der
Eidechse und der Prinzessin vortragen. Und dann »hinaus
mit uns zwei in die Nacht!«

RUDOLF SCHMIED

In seinem Knabenbuch »Carlos und Nicolà« namentlich der Nicolà sieht ihm auf ein Haar ähnlich. Also ganz genaue der Nicolà ist der Rudolf Schmied selbst. Ich höre ihn im alten Café des Westens und in München im Stephanie ebenso argentinisch sprechen wie in seinem Buch die beiden Knaben, die man herzen möchte, so lieb hat man die. Rudolf Schmied ist aus Argentinien, er spricht, wenn es auch Deutsch ist, immer spanisch, ganz wild spanisch. Und dazu raucht er eine Zigarette nach der anderen; seine Augen, seine Nase, sein feiner Mund spielen im Gesicht. Ein Zuruf – und Rudolf Schmied jagt auf seinen Gedanken, lauter Indianerpferde, losgelassen, über die Herzen der Freunde hinweg; frisch und frei ist er, seine Seele trägt einen bunten Federschmuck. Als Knabe nannte er sich, erzählte er mir, den roten Jaguar. Damals lebte er noch in seiner Heimat in Argentinien und war der kleine Nicolà, der er geblieben ist. Sein Buch ist ein Kunstwerk, das sich »ewig« erhalten wird, immer werden all die Süßigkeiten frisch bleiben. Er hat das Buch mit altem Wein geschrieben. Rudolf Schmied ist aus edlem Geschlecht, er ist ein aristokratischer Boheme, er hat Kultur und herrliche Laune, lauter erfrischende Sturzbäche überstürzen sich in seinem Roman »Carlos und Nicolà«. Die beiden kleinen Helden seines Buches sind selbst zwei helläugige Mississippis. Mein Junge, der ein Freund der Indianer ist, hat Rudolf Schmied gezeichnet, wie er so dasitzt und von sich wundervoll erzählt.

DOKTOR MAGNUS HIRSCHFELD
(Ein offener Brief an die Züricher Studenten)

Frischverehrte Herren Studenten!

Am Donnerstag, 11. Juli, werden Sie im Schwurgerichts-
saal Herrn Sanitätsrat Dr. Magnus Hirschfeld in Zürich
sprechen hören; Sie können sich auf den Abend freuen.
Ich will Ihnen etwas von unserem Doktor in Berlin erzäh-
len. Er ist nicht allein unser Arzt, er ist auch unser Gast-
geber; seine Sprechstunden enden in beaux jours, die
Kranken vergessen ihre Nerven und dem gesunden Patien-
ten bedeutet der Nachmittag in den freudigen Wartezim-
mern angenehme Nervenanregung. – Mitten im Tiergarten
zwischen starken Kastanienbäumen und hingehauchten
Akazien wohnt Sanitätsrat Doktor Magnus Hirschfeld. Er
mag nicht, daß wir ihn so titulieren. »Kinder, ich höre lie-
ber einfach »Doktor«. Trotzdem er mir gestand, daß ihn
die Ernennung zum Sanitätsrat zu seinem fünfzigjährigen
Geburtstag, in Anbelang seiner Ausnahmestellung unter
den Ärzten viel bekämpft und bestritten, doch erfreut
habe. Er zeigte mir strahlend wie ein Kind alle Geschenke.
Wir nennen ihn unsern Doktor. Am Vorabend seines Wie-
genfestes brachten ich und meine Spielgefährten unserm
Doktor ein auserlesenes Ständchen. Der Wiegenfestliche
betrat gerührt seinen Balkon, ließ sich besingen von un-
sern Liedern zur Harmonika und Trommel. Schluß-Cho-
ral: »Ich schnitt es gern in alle Brotrinden ein« … Unsere
Ausgelassenheit amüsiert ihn, denn Doktor Hirschfeld
versteht Ulk, da er ernst ist, kein ernsthafter Professor
etwa im Eichenlaubbart. Nun muß ich, liebe Herren Stu-
denten, Ihnen zu meiner Schande gestehen, daß ich von
den vielen berühmten Büchern, die der Doktor geschrie-
ben hat (ich lese prinzipiell nur *meine*), keines kenne, aber

dennoch sie aus seinen unvergleichlichen interessanten Vorträgen beurteilen kann, spannende medizinische, historische Romane, die nie zu Schmökern vergilben, als Maßgebenheiten bestehen bleiben. Doktor Hirschfeld ist der Bejaher jeder aufrichtigen Liebe, ein Abgewandter jeglichen Hasses. Ein milder Gerichtsarzt, der alles zu verstehen sucht. – Voll Mitleid opfert er seine Kraft, seine Zeit, sein gutes Herz dem scheidenden Soldaten. An den Bahnhöfen sieht man unsern Doktor oft, ganze Tabaksplantagen anpflanzend, aus etlichen Kisten Zigarren und Zigaretten an abschiednehmende Feldgraue verteilen. Er ist der Mensch, der wahrhaft in der Bereitwilligkeit keinen Klassenunterschied kennt. Wer ihn ruft, zu dem eilt er. Ich überfiel ihn selbst, mit Erfolg, mir zu einem verwundeten Freund in Pommern zu folgen, aus seiner großen Praxis. – Liebe Herren Studenten, mich freut es, unserm Doktor Hirschfeld Lob und Preis zu singen. Wenn er nicht in Berlin weilt, fehlt sozusagen unser Beichtvater. Wir sehnen uns alle nach seinem Trostwort, nach den gemütlichen, gemütvollen grünen Zimmern, sie sind heilbringend wie er selbst.

LOOS

Von der Seite betrachtet, erinnert sein Kopf an den Toten-
schädel eines Gorillas; wendet mir Loos langsam das
Gesicht zu, prüfen mich scharf des Gorillas runde, hell-
braune Augen. Die sind gefährlich, greifen aus einem
andern Denken, aus einem fremden, geschwinden Grund.
Die Blicke der Gäste strafen mich für meinen Ausspruch,
Loos selbst aber scheint nichts gehört zu haben. Ist er
schwerhörig? Auf mich wirkt sein Unvernehmen geister-
haft, wundersam wund; für den unverstandenen Spre-
cher – unverständlich. Senkt Loos den Kopf, neigen sich
seinem Ohre die Lippen zu; o, wie sanft er die Lider hän-
gen läßt – man hat ihn dann lieb, die Lotosseele unter den
Gorillen. Schielende, deren Züge etwas Rührendes erhal-
ten, und Hinkende, die im verlorenen Gleichgang süße
Interessantheit hinschaukeln – zehnfach tönt Loos das
Wort wieder, ruft man es in ihn hinein. Dann wird er ein
reißender Geist, den man im Echo heraufbeschwor; ein
affenböser Künstler, reißt er dem die Perücke vom Kopf,
setzt ihm den Skalp wieder an, daß er mit seiner Person
vernarbe. Ein handgreiflicher Philosoph ist er, dem die
Verschnörkelung der Architektur ein eitler Greuel, ein
verwirrtes Knäuel ist, den er rücksichtslos löst. Loos will
Ordnung schaffen in den Welten hier unten, in der Welt,
die sich der von sich abstrebende Mensch erschaffen läßt
vom Architektenmenschen und nicht hineinpaßt. Wie
viele sitzen und schwitzen in fremden vier Häuten, denn
die Wände unseres Gemaches sollen unser passendstes
Kleid sein, sie sollen die Schrift unseres Atems tragen. Die
Seuche der Einrichtung hat sich schon in die Schlösser der
Fürsten begeben, auf Altären liegen »stilvolle« Decken,
und durch die Tempel der Künstler flutet das elektrische

Licht der Birnen aus neuerfundenen Kelchen. Wollte man mir sogar auf den Rücken meines Zigeunerkarrens, meines grünen Holzvogels, die sogenannte aufsteigende Kurve (ich weiß gar nicht, was das ist) und langweilige kühle Linien ziehen, die große Klassikerlinie Weimarer Spätgeburt van de Veldisch architektiert. Man sehnt sich rein nach dem Buckel. Die Wände meiner Rast sind auch die Wände meiner Last, sind mit mir verwachsen, aufgewachsen. Meine Behausung gleicht mir auf ein Haar. Darum springe ich gerne aus meiner Haut mal, am liebsten in das mir vermählte Zimmer. Ist sein Bewohner auch meist nicht in seiner Hauptperson anwesend, sein Heim aber spricht für ihn. Kühlritterblau empfängt mich das Tapetengesicht; ich setze mich vor den Schreibtisch, vor Rhodopes farbige Statuette, meines auserwählten Zimmers heimliche Liebe. Über den Flügeldeckel kehren Lieder heim und legen sich auf die Tasten – schlummern und träumen laut; hingezaubert sitzt ja ihr Schöpfer auf dem runden Stuhl und spielt. Ich denke an meine Prinzessinnenzeit… Wer salbt meine toten Paläste, sie trugen alle die Kronen meiner Väter. – Ich hasse die Tische, Stühle, Sessel und so weiter, die sich verkuppeln ließen, mit ihrem Plebejerbesitzer; das sind Mesallianzen, Sessel, deren Lehne sich beugte immer tiefer ihrem Sitz zu. Ich denke an einen wie ein Melancholischer. – Ich helfe dir räumen, Loos, aber wehe dir, wenn ich nach Wien komme, und du sitzt nicht auf einem australischen Urwaldast zurückgezogen hinter Gedanken tausendgitterig.

OSKAR KOKOSCHKA

Wir schreiten sofort durch den großen in den kleinen Zeichensaal, einen Zwinger von Bärinnen, tappischtänzelnde Weibskörper aus einem altgermanischen Festzuge; Met fließt unter ihren Fellhäuten. Mein Begleiter flüchtet in den großen Saal zurück, er ist ein Troubadour; die Herzogin von Montesquiou Rohan ist lauschender nach seinem Liede als das Bärenweib auf plumpen Knollensohlen. Denn Treibhauswunder sind Kokoschkas Prinzessinnen, man kann ihre feinen Staub- und Raubfäden zählen. Blutsaugende Pflanzlichkeiten alle seine atmenden Schöpfungen; ihre erschütternde Ähnlichkeitswahrheit verschleiert ein Duft, aus Höflichkeit gewonnen. Warum denke ich plötzlich an Klimt? Er ist Botaniker, Kokoschka Pflanzer. Wo Klimt pflückt, gräbt Kokoschka die Wurzel aus – wo Klimt den Menschen entfaltet, gedeiht eine Farm Geschöpfe aus Kokoschkas Farben. Ich schaudere vor den rissig gewordenen spitzen Fangzähnen dort im bläulichen Fleisch des Greisenmundes; aber auf dem Bilde der lachende Italiener zerrt gierig am Genuß des prangenden Lebens. Kokoschka wie Klimt oder Klimt wie Kokoschka sehen und säen das Tier im Menschen und ernten es nach ihrer Farbe. Liebesmüde läßt die Dame den schmeichelnden Leib aus grausamen Träumen zur Erde gleiten, immer wird sie sanft auf ihren rosenweißen Krallen fallen. Das Gerippe der männlichen Hand gegenüber dem Frauenbilde ist ein zeitloses Blatt, seine gewaltige Blume ist des Dalai-Lamas Haupt. Auch den bekannten Wiener Architekten erkenne ich am Lauschen seiner bösen Gorillenpupillen und seiner stummen Affengeschwindigkeit wieder, ein Tanz ohne Musik. Mein Begleiter weist mit einer Troubadourgeste auf meinen blonden Hamlet; in ironischer Kriegshaltung kämpft Herwarth Walden gegen den kargen argen Geist. Auf allen Bildern Kokoschkas steht ein Strahl. Aus der Schwermutfarbe des Bethlehemhimmels reichen zwei Marienhände das Kind. Viele Wolken und Sonnen und Welten nahen, Blau tritt aus Blau. Der Schnee brennt auf seiner Schneelandschaft. Sie ist ehrwürdig wie eine Jubiläumsvergangenheit: Dürer, Grünewald.

Oskar Kokoschka ist eine junge Priestergestalt, himmelnd seine blauerfüllten Augen und zögernd und hochmütig. Er berührt die Menschen wie Dinge und stellt sie, barmherzige Figürchen, lächelnd auf seine Hand. Immer sehe ich ihn wie durch eine Lupe, ich glaube, er ist ein Riese. Breite Schultern ruhen auf seinem schlanken Stamm, seine doppelt gewölbte Stirn denkt zweifach. Ein schweigender Hindu, erwählt und geweiht – seine Zunge ungelöst.

PETER BAUM

Er versäumt den Tag, und die Dunkelheit erreicht er,
wenn es zu spät ist. Aber er träumt noch schnell unter dem
verschwindenden Mond. Einmal kam Peter Baum bar-
häuptig im Januar ins Theater gegangen, draußen waren
15 Grad Zerfahrenheit. Einmal steckte er seine brennende
Zigarre in die Hosentasche, später meinte Peter Baum —
daß es nicht die Kartoffeln auf dem Feld gegenüber
wären, aber daß seine Lende versenge. Und doch hat
St. Peter Hille einmal gesagt: Peter Baum sei der sensi-
belste Mensch, den er je kennen gelernt habe. Peter Baum
ist ganz blau. Das heißt übersetzt: Er ist ein Dichter. Ster-
nenpsalme hat er gedichtet für die Harfe Davids, für das
Herz Salomos, des Dichterkönigs von Juda. Und doch ist
Peter Baum der leibliche Sohn und Erbe des Evange-
liums. Seine Väter waren die Herren von Elberfeld im
Wupper-Muckertale. Sie beteten zu Luther und wachten
auf in Sonntagsfrühe beim ersten Schrei des Kirchen-
hahns. Manchmal erscheinen sie ihrem Urenkel im Schlafe,
weniger der jüdischen Psalme, aber seines abtrünnigen
Romans »Spuk« wegen. Es ist ein Roman im Kaleidoskop;
die Bilder kommen buntartig und schwinden blendend
wie teuflische Spiegel. Ein flackerndes Fleckenspiel hinter
geschlossenen Augen. O, und seine wundervollen Novel-
len »Im alten Schloß« brachte er mir eines Abends; seine
große Tannengestalt erschien mir noch eine Krone höher,
so aufwärts wie der Graf seines Buches, ein wetternder
Weihnachtsbaum, der seinen Schmuck abgeschüttelt hat.
Die Wochenschrift »Sturm« wird Peter Baums neuestes
Werk bringen, das spielt zur Rokokozeit und ist in ge-
blümter Seidensprache geschrieben. Wie tief seine Dich-
tungen doch ihn erleben und er sich an ihnen verwandelt!

UNSER RECHTSANWALT HUGO CARO

Er kam immer im letzten Augenblick, auch zum Termin, wie jemand, der noch in den sich fortbewegenden Zug springt. Wie oft gingen wir zur Verhandlung ins Kriminalgericht, den Rechtsanwalt Caro verteidigen zu hören. Unseren lieben, frohen Rechtsanwalt, der uns immer wieder durch seinen Frohsinn aufrichtete, abends im Café des Westens. Er gönnte sich dort Rast zwischen Künstlern, bis er von irgend einem Hilfesuchenden gefaßt, um Rat gefragt wurde. Für jeden hatte unser Rechtsanwalt ein liebenswürdiges Verständnis. Er betrachtete das Café des Westens als den Garten unter den Straßen Berlins, darin man ausruhe, ohne den Zusammenhang mit der Übrigkeit zu verlieren, mit all den Menschen, deren Geschicke er führe. Er war der, welcher, ohne zu erschaffen, die Kunst hoch und liebend achtete; vielleicht erlangte er doch selbst das Glücksgefühl des Schaffenden in der Ausführung seines verantwortlichen Amtes: dem frischen Aufbau seiner Verteidigungsreden, oft in Berliner Dialekt gehalten, sicher anzunehmen. *Er war der Fritz Reuter unter den Juristen.*

In seinem Hause fiel von dem Eintretenden die Fremdnis der großen Hauptstadtangst. Wie oft plauderten der Rechtsanwalt, seine wunderschöne Frau und ich bis spät in die Mondnacht vertraulich dreieinander ... Der Krieg brach aus, Rechtsanwalt Caro meldete sich freiwillig; er liebte Berlin, es war seine Wiege, seine Primanerliebe, sein Berlin trug seine rote Studentenmütze. Er war eben der fahrende Schüler geblieben, sang seine Maienlieder, wenn er nach anstrengender Arbeit zwischen uns ausruhte: »Und laßt uns wieder von der Liebe reden, wie einst im Mai.« Unser Rechtsanwalt war immer guter Laune, auch als er eines Abends in Uniform schwer ermattet vom

Marsche unter uns Freunde trat; wir erkannten ihn nicht, seine straffen Haare waren abrasiert, vor seinen Augen trug er eine mächtige Hornbrille. Die jungen Soldaten seiner Kompagnie nannten ihn: Vater Justizrat. Weil er so gütig zu ihnen sprach, sie ermutigte. In seiner kleinen Bureauwohnung in der Nürnberger Straße pflegte der Rechtsanwalt, bevor er in Herrgottsfrühe nach Döberitz zum Dienst eilte, sich seinen Tee zu brauen; Müdigkeit übermannte ihn, ein kleiner, listiger Zugwind löschte die Flamme unter dem brodelnden Wasser, und unser lebensfroher Rechtsanwalt erstickte.

S. LUBLINSKI

Lublinski ist von Geburt Ostpreuße. Er hat mir oft von seiner Heimat erzählt: dort sind noch die Wälder so finster und verwachsen wie kleine Urwälder. Zwischen knolligen Wurzeln und Stämmen ist sein Nest; knollig ist auch er an Leib und Seele, ein Knollengewächs, aus dem jäh eine leuchtende Blüte aufsteigt. Zusammengekauert in seinem Korbstuhl sitzt er, wie in einem großen Pflanzenkübel, und grübelt, ob er den Entschluß, den er zunächst erst in einiger Perspektive wohlwollend betrachtet, wirklich fassen soll oder nicht … Wir beide haben manchen Abend bei schweigender Dunkelheit zusammen auf der Veranda des Kaffeehauses gesessen. Die Gäste sehen nach der Richtung unseres Tisches und lachen über das Holpern seiner Stimme; jedoch die Kellner, vom allerdicksten bis zum blaßwangigen Groom, haben sich schon an die eigentümliche, stoßende Hornsprache S. Lublinskis gewöhnt; sie harren aufmerksam seinem Wink und entreißen raubtierartig den lesenden Gästen Journale und Zeitschriften, die er verlangt. S. Lublinski schiebt seine Brille vorsichtig höher auf den Nasenrücken – der kleine Literat und der phlegmatische Baccalaureus-Referendarius nähern sich unserm Tisch. Mit außergewöhnlicher, liebenswürdiger Handgebärde fordert er die beiden jugendlichen Opfer auf, sich an unsrer Seite niederzulassen. Ich weiß; S. Lublinski ist in Kampfstimmung, er hat tagsüber Aufsätze schreiben müssen, und ihn ärgert die Erde mit den vielen Tintenfässern; und ohne jede Veranlassung, oder auf eine geringfügige Bemerkung hin, überfällt er den Nachbar – sein Herz jedoch schlägt Kobolz dazu. Mich interessiert die Strategie seines Angriffs – der arme Gegner, der an den Zorn seiner rollenden Augen glaubt und ihn gutmütig be-

sänftigen will. Ihn reizt der bequeme Widerstand. Worte
werden Kugeln, Bomben explodieren, der Kampf wird
ernst. S. Lublinski schlägt mit der Faust dröhnend auf den
Tisch; seine Augen bluten … Gold hat sein Vater in der
Jugend aus Kanadas Gefilden gegraben … und die Lust
nach Abenteuern hat sich in S. Lublinski vergeistigt. Aber
der Freund kennt ihn auch im Zelt; er hat seine träumende
Stirn gesehen mit dem poetischen Schneehauch. So gerne
jauchzen möchte S. Lublinski! – Selten sehnte sich ein
zweiter tiefer nach dem bübischen Lenztag, hinter dem
Horizont auf der blauen Wiese nach dem fröhlichen Rin-
gelrangelspiel, wie er. Aber der große Ungeschickte fürch-
tet, zu stolpern; und es ist ihm nichts beschämender, als
lächerlich zu wirken – er würde eher mit einem Gänsekiel
Verse schreiben. Unschönheit ist S. Lublinskis Kinder-
krankheit … Wie auf gerosteten Geleisen bewegt er sich
vorwärts; seine Arme schleudern beim geringsten Außer-
taktkommen. So ist auch der Rhythmus seiner Seele, sei-
ner Novellen und Dramen. Ich würde jede andre Fassung
für unecht betrachten … Aber da steht kein Tor, daran er
nicht rüttelt. »Ich habe Prinzessin mein neues Buch: ›Ge-
scheitert‹ mitgebracht« … S. Lublinski beobachtet mich
mißtrauisch unter seiner Brille – er weiß, mich interessie-
ren eigentlich nur meine eigenen Dichtungen; aber ich
bitte ihn auf seine stumme Voraussetzung, mir selbst eine
Novelle seines Buches vorzulesen. Er liest die Geschichte
des gehänselten Knaben – er öffnet seine Seele. Schwerer
als jedes Kind, dessen Eigenart sich abhebt vom Durch-
schnitt, hat er gelitten – aber aus der dumpfen, beklem-
menden Nacht seiner Leiden recken sich eiserne, kleine
Fäuste, grauenhaft verzerrte Fratzen, aus denen klagende
Kinderaugen blicken. Endlich von seinen peinigenden
Altersgenossen befreit, den folgenden Schultag verges-

send, führt er Kriegsspiele auf, allein, hinter den Hecken seines Gartens. In Reih und Glied tausend gehorchende Soldaten –: »Vorwärts marsch!« Und er an ihrer Spitze, als Befehlshaber, als Feldherr! Aus kleinen Steinen besteht in Wirklichkeit das tapfere Heer …

Wieder angelehnt im Sofapolster, das Buch zugeklappt auf dem Tisch, beginnt S. Lublinski, in zynischster Weise seine Nachteulenähnlichkeit zu verspotten. Selten sehnte sich ein Zweiter schmerzlicher und unerfüllter nach Liebe wie der da … Hannibal (eines seiner wuchtigen Dramen), der schwermütige, schwerwütige Krieger, der erwachsene Feldherr seiner Spiele hinter den Hecken seines Gartens. Peter Hille sagte einmal: »Den Hannibal hat er aus gerostetem Eisen geschmiedet.« Aber nicht minder hart ist der zweite Akt seines Königinnendramas: »Elisabeth und Essex«. Ich habe oft S. Lublinski durch die durchsichtigen, großblumigen Gardinen seiner Fenster dichten sehen und hören. Die Kissen fliegen von den Sesseln, die Beine der Stühle und Tische knaxen, und ein Ertappter sitzt er nun wieder vor seinem Schreibtisch, die reine Stirn in die Hand gestützt. Leise fällt vom Himmel ein feiner Regen – gesponnenes Weinen –, mir ist, als ob auch seine Seele weine … S. Lublinski aber gibt sich nicht lange weichen Stimmungen hin – er rafft sich auf: »Frau Thormann, ich will noch fortjehen, ich habe ein wenig Kopfdruck.« »Aber Herr Lublinski, bei dem Regen?« … »Da ist mir nicht bange; aber ich fürchte, der letzte Akt des Zaren ist mir was in die Breite jejangen« … Frau Thormann, seine hübsche, muntere Wirtin, hat mir mal ganz vertraulich gesagt: »Mucken haben sie ja alle; aber er sieht immer wieder sein Unrecht ein, das muß man ihm lassen«, Und sie würde mich wahrscheinlich für eine Verleumderin halten, wenn ich ihr erzählen würde, daß ihr großer Pflegling gestern auf dem Rücken der Sphinx, am Eingang des Cafés, gesessen hat und den Vorübergehenden, im jubelnden und schwärzesten Pathos, den Schiller deklamierte: »Der See kann sich, der Landvogt nicht erbarmen!« Aber in der Frühe brachte mir die Post einen Brief von ihm: die gotischen, getürmten Buchstaben seiner Schrift drohten über meine erschreckten Augen zu fallen: »Prinzessin, ich habe von meinem Freund, nachdem wir uns von Ihnen gestern abend verabschiedet hatten, erfahren, daß Sie noch immer mit dem Schwätzer nachmittags im Café sitzen – ich fordere Sie zum wiederholten Male auf, den Verkehr abzubrechen, andernfalls ich meine Freundschaft zurückziehen werde. Außerdem weiß ich, daß mein Freund unter Ihrer neuen Akquisition leidet. S. Lublinski.« Noch am selben Tag begegnen wir uns. S. Lublinski will an mir in zierlichem Bogen vorbei schlürfen – wir lachen – ich bemühe mich, ihm die Schweigsamkeit des Kaukasiers zu beweisen: »Ich rieche zu gerne Steppe, Herr Lublinski; aber Sie wissen doch, nichtsdestoweniger liebe ich Ihren Freund, den prinzlichen Tondichter; – und bringen Sie ihm meine tiefblonde Verehrung.« – S. Lublinski: »Scheusal!!« –

Alle Passanten haben es gehört – bis nach Hause haben mich die Straßenjungen begleitet. S. Lublinski muß sterben! … Ich trage meinen siebenläufigen, ungeladenen Revolver unter dem Mantel versteckt, und der Mond am Himmel ist wie eine brennende Kanonenkugel. Die Mamsell hinter dem Bufett ruft, als sie mich erblickt, Moloch, den Oberkellner, den unersättlichen Götzen (seine Augen sind blanke Taler). »Wo ist S., der Lublinski?!« »Herr Doktor sind soeben fortgegangen, haben aber für Sie einen Brief hinterlassen.« Und seine Aussage noch bestätigend, weist er auf den Tisch hin, an dem Herr Doktor zu sitzen pflegt: etliche Zündhölzer schwimmen, zerbrochen im Wasserbad auf dem Silbertablett... »Sehr geehrte Frau, ich gebe zu, daß ich mich in der Erregung heute morgen im Ausdruck hinreißen ließ, und ich sehe es gern ein und bitte Sie um Entschuldigung; jedoch die Tatsache selbst bleibt trotzdem unverändert bestehen. S. Lublinski.«

Zwei Jahre sind's nun her, als ich vor dem Riesenfenster des Kaffeehauses saß und S. Lublinski in großen, feierlichen Buchstaben antwortete:

»Sire, ich erkläre hiermit unsere freundschaftlichen sowie diplomatischen Beziehungen für aufgehoben«...

PAUL LEPPIN

Ein großer kantiger Vampirflügel mit Apostelaugen schwebt Paul Leppins Roman »Daniel Jesus« vor mir auf. Hier wandelt nicht das Werk auf Füßen, und ich suche nicht nach seiner Erde. Paul Leppins Roman ist eine Flügelgestalt, Himmel und Hölle schöpfen aus ihrem rauschenden Brunnen. Hat Paul Leppin »Daniel Jesus« oder hat Daniel Jesus »Paul Leppin« erschaffen? Die Vieraugen des großen kantigen Romans sind vom gleichen, tiefen Wachen. Aber Paul Leppin ist gewachsen, ungekrümmt, eine Linde, und sein Haar duftet nach dem sanften Blond ihrer Blüten, und Daniel Jesus hat einen Buckel, und unersättlich ist sein fahler Durst. Auf deine müde Hand, Daniel Jesus, tropft traumleise ein Goldtröpfchen; Martha Bianca tritt barfuß aus dem Herzen durch die Paulpforte. Voll Sonnenbangen ist Paul Leppin wie der Gipfel goldbedrängt, und er formt schwermütig aus goldenen Träumen, die bis in die Wolken ragen, bleierne Buckel. Mit gläubiger Gebärde aber schaufelt die Frau des Schusters das Martyrium von Daniels Jesus Rücken … »Prinzessin«, sagt Paul Leppin zu mir, »wir wollen auf einen wilden Ball gehen«; wir finden nur klingelbehangene Tanzböden. Paul Leppin sehnt sich nach der Orgie seines Romans; die drehte sich hinter Sternenvorzeiten seiner Dichtung, spöttisch hißte sie Satan auf Babelhöhe, Satan Daniel Jesus, Paul Leppins Geschöpf, von dem er sich losträumte. Inmitten der Tanzenden sitzt Daniel Jesus Paul zwischen nackten Eingeweiden, die sich verwickeln, verknoten nach seinem Szepter. Rasende Weiber taumeln sich im weichen, pochenden Raume und wachsen zu Lawinen über lüsterne Rücken. Und auf dem brandigen Haupt der Schusterfrau steht eine Mauer auf, eine leuchtende Krone, wie die des heiligen Landes – in ihrem Riesenleib tanzen alle die blutzerrissenen Leiber und ihre Teufel, wie in einer weißen Hölle; denn Daniel Jesus hat sie erhoben zu seiner Rechten. Es heißt im Buche: »Andächtig küßt sie seinen Buckel, wie ein Kruzifix.« Paul Leppin, ich grüße dich.

MAX BROD

Das Volk wird nie nach ihm schreien; er sättigt nicht, er ist
überhaupt nicht zum Essen, man kann höchstens eine sei-
ner Hände streicheln oder seinen Mund küssen – er hat
einen schüchternen Kindermund. Der erzählt immer von
sich, immer so hübsche Geschichten, die sich am Ende
des Pfades reimen, und viele, viele Wege geht er mit den
Mädchen in seinen Gedichten. In Grimms Märchen ist er
gemalt, wie er als Kind aussah, in Hänsel und Gretel. Ich
hatte Max Brod eine Nelke mitgebracht, die trug er in der
Hand, als er in den Saal kam, und ich bildete mir ein, er
lese mir ganz alleine vor inmitten der königlichen Ge-
mälde; ringsum an den Wänden: Van Gogh. Ich weiß den
Namen seines Schauspiels nicht, aus dem er erzählte.
Aber immer war es die Liebe, die über seine Lippen kam –
mein Herz ging blau auf unter den vielen lauschenden
Herzen. Max Brod ist ein Liebesdichter. Auch der andere
Aufzug seines Schauspiels war ein Liebesgedicht, ein viel-
stimmiges, ein streitendes. Ich glaube, man kann nur Lie-
besgedichte in »Prag« schreiben, wo so viele Bögen und
Wälle sind; und lauter graue Figuren treten aus den alten
Häusern hervor – die Steingespenster führen die Herzen
bange zusammen. Ich habe manchmal Sehnsucht nach
Prag, schon um mit Max Brod und meinem Paul Leppin
durch die Gewölbe ihrer Heimat zu wandeln, wo die alten
Häuser wie Mumien stehen, zur Rechten und Linken.

ALFRED KERR

Silvester 1908 bin ich Alfred Kerr begegnet unter künstlichen Balkansternen, zwischen schleierverhüllten Angesichten schöner Haremsfrauen und fezbedeckter Häupter weißgekleideter Muselmänner. »Wissen Sie, wer der Beduinenfürst war?« (Wir grüßten uns nach des Bosporus Zeremoniell und Sitte.) »Reißen Sie mich nicht immer aus meinen morgenländischen Illusionen«, antwortete ich meiner Begleiterin. Später hörte ich, der Araber mit dem Seidenmantel sei Alfred Kerr gewesen. Am besten gefallen mir seine Gedichte, sie sind humorsüß und fallen ihm in die Hand. Aber seine allerschönste Dichtung war ein spanisches Essay; jedes Wort trug eine Abendrotrose im Haar, jedes Wort war eine Senora, erhob sich und tanzte.

Über den Kurfürstendamm sehe ich ihn manchmal nach der Kolonie heimwärts gehen. Dort wohnt Alfred Kerr in einer Villa, die beneidet wird, sonst pflegt man die meisten Kolonisten ihrer Villa wegen zu beneiden. Heimlich birgt dieses nachtumheckte Schlößchen seinen Dichter. Spät muß der Kritisierende die Kritik niederschreiben, die sind blaunervig wie er selbst und duften nach melancholischer Ironie. Wir haben uns beiden nur immer das Schönste gesagt, wir kennen uns nur im Gruß. Mich dünkt, er träumt von »Heinrich« wie ein einziger Sohn, der sich einen Bruder wünscht. Er träumt immer von seinem Bruder Heinrich Heine. Bald gleicht er ihm auf einen Nerv. Alfred Kerr müßte durch die Straßen von Paris wandern wie der tote Bruder, mich stört des Lebenden chevaleresker Mantel, sein abgestäubter Hut. Warum denke ich so? – Morgen lese ich im Tag seine gedichtete Kritik über Hauptmanns Premiere.

BEI GUY DE MAUPASSANT
Eine Phantasie

Dir allein will ich mein interessantestes Geheimnis anvertrauen, aber du mußt dies als meine Beichte betrachten und bewahren wie ein Amtsgeheimnis.

Paris!

Ich stand an den Türpfeiler eines Magazins gelehnt und weinte, als wollte ich mich in Tränen auflösen. Am Himmel standen schwarze Gewitterwolken, und der Boulevard war nicht allzu überfüllt von Spaziergängern; aber auch unter den wenigen Menschen, die mich erstaunt betrachteten, litt ich unsäglich. O, petite, o, was fehlt Ihnen, Mademoiselle? Sehen Sie doch, Madame, wie blaß die Kleine aussieht, und die großen Augen.

Ich war damals ungefähr sechzehn Jahre alt, und noch in beständigem Kontakt mit meinem Gotte. Ich bildete mir nämlich ein, daß, als plötzlich ein furchtbarer Donnerschlag erdröhnte, der liebe Herrgott aus besonderer Freundschaft zu mir es gewittern ließe, über den Menschen, inmitten derer ich litt. Die auffällige Kritik über meine Person, die sich in diesem lauten Bedauern aussprach, entfachte auch schließlich meinen Zorn. So glaubte ich, daß die zwei Passanten, die plötzlich vor mir haltmachten, kein anderes Motiv leitete, als die Lust zur Neckerei. Namentlich erbitterte es mich, da der helläugige der beiden seinem Begleiter zurief: »Mon cher, sehen Sie doch einmal den kleinen Teufel!« Der große Herr runzelte die Stirn, dabei murmelte er ein paar leichte Worte; ich verstand sie wohl, aber ich möchte sie im Interesse meiner Person lieber verschweigen; wieder fielen große Regentropfen aus meinen Augen, dann meinte der dunkle Herr in milderem Ton: »Es handelt sich hier wieder um eine

Bettelnovellette«, und reichte mir ein Geldstück hin. Ich war sehr betroffen und konnte mich nicht enthalten zu rufen: »O, Monsieur, ich bin keine Komödiantin und keine Bettlerin.« Er schämte sich und versuchte durch allerhand Reden sich zu entschuldigen. »Pardonnez, Mademoiselle, pardonnez, aber da Sie, wie ich aus Ihrer Aussprache entnehme, keine Französin sind, werden Sie sich schwerlich eine Vorstellung von der Schauspielkunst unserer Nichtdamen machen können. Und möchte ich Sie bitten, sich mir anzuvertrauen.« »Ich bin so allein, Herr«, sagte ich; ich glaube, sonst erwiderte ich nichts mehr, denn ich war ermattet bis zum Tode. Während wir noch beisammen standen, trat ein dritter zu den beiden und klopfte dem dunklen auf die Schulter: »Na, mon ami, schon wieder im Dienste der Frauen?« Der Helläugige, den ich trotz meiner tragischen Stimmung heimlich seiner Schönheit halber bewunderte, schob seinen Arm in den des hinzukommenden Herrn – ich glaube auf ein paar leise gesprochene Worte des Dunklen hin – und zog ihn, leise auf ihn einredend, mit sich fort. Dann wandte sich der Bleibende mir zu, und es war eine eigentümliche Mischung von Erkühnen und Güte in seinem dunklen Auge, das mich in Furcht jagte und zu gleicher Zeit mir Mut machte. »Hier ist kein Platz für Auseinandersetzungen, mein kleines Fräulein, und ich bitte Sie, mir zu folgen.« Der energische Ton meines Beschützers wirkte suggerierend auf mich, und ich folgte ihm. Er schwieg, bis wir die gegenüberliegende Seite des Boulevards erreicht hatten; dann faßte er meine Hand und sagte, jedes einzelne Wort betonend: »Mademoiselle, wenn Sie in mir einen Freund gewinnen wollen, so fürchten Sie sich nicht und vertrauen Sie mir Ihr Schicksal an.« Ich war sehr glücklich über seine lieben Worte und atmete auf und wünschte mir nichts sehnlicher im Augenblick, als seine Hand zu drücken. Wir nahmen Platz im Garten eines Restaurants; der Fremde bestellte zunächst Bouillon und dann ein Hühnchen, welches er mir wie einem Baby vorschnitt. Dabei flüsterte er mir zu: »Grade so ein kleines Hühnchen wie Sie, Mademoiselle.« Dann mußte ich ihm meine Lebensgeschichte erzählen, wie ich aus meiner Heimat durchgebrannt bin. »Und warum gerade nach Paris, kleiner Robinson?« Zögernd und fast tonlos entgegnete ich: »Ich wollte in ein Meisteratelier.« Dann fragte der Fremde: »Haben Sie schon an eines angeklopft?« »Nein«, sagte ich verlegen, »ich habe mich mit meinem Gelde verrechnet und wollte mir erst etwas verdienen, um wenigstens für einen Monat die Kosten zu erschwingen.« »Und was dann?« fragte er nachdrücklich. »Ja, dann, hoffe ich, Stipendien zu bekommen.« Hierbei holte ich einen Zettel aus der Tasche, worauf die Adresse jenes Kleidermagazins stand, in dem ich engagiert war. Mein Beschützer begann zu lachen und meinte: »Eine Direktrice können Sie doch sicher mit Ihrem schlanken Figürchen nicht abgeben.« »Aber eine Kostümzeichnerin.« »Ah, Sie wollen mit Stillleben Ihre Karriere beginnen.« Wir lachten beide. – Nach einer Weile fragte ich ihn, ich glaube sehr scheu:

»Herr, wer sind Sie?«

»Ich bin ebenfalls ein Kunstjünger.«

»Maler?« fragte ich.

»Nein, aber Schriftsteller.«

Ich atmete auf in der sicheren Empfindung, mich in verläßlichen Händen zu befinden.

»Nun werde ich Ihnen einen Vorschlag machen, kleiner Robinson, zumal ich Sie nicht Ihrem Schicksal überlassen werde, bis Sie Ihre geschäftliche Angelegenheit geordnet haben. Ich bringe Sie zu einer Freundin, die mir lieb und teuer ist, zu einer Madame L. T., die wird Sie mit Vergnügen aufnehmen.«

Wir erhoben uns.

»Allons, Mademoiselle!«

Beim Verlassen versuchte ich, meinem Begleiter seine Auslagen zurückzuerstatten, obgleich dies meine letzte Barschaft war. Ich durfte die Bitte gar nicht zu Ende sprechen, als er schon den Kopf schüttelte: »Aber Mademoiselle, Sie sind mein Gast.« – In der Rue de R. hielt das Kabriolett vor einem villenartigen Hause. Ein zierliches Mädchen in Rosa öffnete die Tür und sagte, ohne meinen Begleiter zu Worte kommen zu lassen, fast vorwurfsvoll: »O, Monsieur, Madame hat bis vor einer halben Stunde auf Sie gewartet, nun ist sie allein in den Bazar gefahren.« Betreten murmelte mein Begleiter: »Mon Dieu, wie konnte ich das vergessen!« Ich fühlte mich als die Schuldige, dieses mochte der Fremde empfinden, da er beruhigend sagte: »Ich nehme die Schuld auf mich.« Ich hörte ihn leise vor sich hinsagen: »Eine liebe Person ist Madame L. T.« Dann wandte er sich wieder zu mir: »Nun, ich werde Sie gegen Abend hinbringen, und Sie werden sie schätzen lernen, wie ich.« – »Gefällt Ihnen mein Heim?« fragte Guy de Maupassant, der mir unterwegs endlich seinen Namen genannt hatte, von dessen Bedeutung ich damals noch keine Ahnung hatte. »Jetzt wollen wir uns ruhig überlegen, was wir zu tun gedenken. Kommen Sie doch aus Ihrem Winkel hervor und fürchten Sie sich nicht vor mir! Haben Sie auch schon daran gedacht, falls Sie noch Eltern haben, daß die in Besorgnis sein werden, und daß ich eigentlich verpflichtet bin, ihnen Nachricht zukommen zu lassen?« Er mochte wohl meinen Schreck bemerken, denn er fügte schnell hinzu: »Nun, wir sind ja Kollegen, außerdem bin ich kein Moralprediger, und Ihr Unternehmen rüge ich keineswegs, im Gegenteil, es imponiert mir, aber na, diesen Punkt wollen wir gemeinsam mit Madame L. T. überlegen. Für den Augenblick bin ich dafür, daß der kleine Robinson von den Strapazen seines Abenteuers sich etwas ausruht. Ich werde unterdessen ein wenig ausgehen und frühzeitig wieder erscheinen.« Er war fort, und ich allein, mutterseelenallein im fremden Hause. Zunächst betrachtete ich die Gegenstände des Zimmers. Auf dem Schreibtisch standen einige Photographien, unter denen ich auch den helläugigen Herrn von heute morgen fand. Zu meiner großen Freude, denn er gefiel mir schon wegen seiner blonden Locken sehr gut. Dann aber spürte ich die so lange zurückgehaltene Müdigkeit, legte mich auf eines der Kanapees und deckte mich mit den Decken zu, die Maupassant für mich bereitgelegt hatte. Aus traumlosem Schlaf, wahrscheinlich durch das Geräusch einer aufgehenden Tür aufgewacht, mußte ich meine Gedanken erst mühsam sammeln. »Herr Gott, wo war ich denn eigentlich?« Ich eilte ans Fenster, und mir schoß plötzlich angesichts der fremdartigen Uniformen auf der Straße unten der Gedanke durchs Hirn: »Wie kam's doch noch, daß ich in Paris bin.« Mich überkam plötzlich die Angst eines Gefangenen, der keinen Ausweg weiß. »Herr Gott, wenn nun der fremde, dunkle Mann ein Verbrecher wäre?« Mir wurden plötzlich alle Sensationsgeschichten meines Lebens grauenvoll lebendig. Um mich zu orientieren, um gleichsam die Waffen meines Feindes kennen zu lernen, ging ich an den Schreibtisch. »Was, Goethe!« Nun fühlte ich mich in Sicherheit. Und was mich am meisten interessierte, da lag ja auch Petöfi. Der Dichter, der mir gefiel in seiner ungarischen Studentenuniform. »Ach, Monsieur!« rief ich erstaunt und erschreckt. Maupassant stand nämlich vor mir, ich mußte sein Klopfen überhört haben. »Nun, mein

kleiner Robinson, Sie sehen ja so frisch aus, wie ein Dijon-
knöspchen; jetzt wollen wir weitere Dispositionen treffen.
Übrigens öffnen Sie einmal die beiden Schachteln, mit
deren Inhalt bald zwei kleine Buben spielen werden.« In
der einen Schachtel lagen schonungsvoll Bleisoldaten ge-
schichtet, mit dunklen Waffenröcken und roten Hosen. In
der Mitte der Schachtel aber lag, umgeben von seinen
Getreuen, Napoleon der Dritte, hoch zu Roß. Aus der
andern Schachtel glotzten mich porzellanene Frosch-
augen an, Enten mit gelben Schnäbeln, Reptilien aller
Arten – ein ganzes Aquarium. Ich richtete die Soldaten
parademäßig. Maupassant hatte währenddes eine Wasch-
schüssel herbeigeholt, und wir ließen nun die Ungeheuer
auf den Fluten, die wir zu künstlichen Stürmen erregten,
nach Herzenslust austoben.

Wir, Maupassant und ich, waren auf einmal intim wie
zwei Gespielen. Das fand auch Maupassant. »Wir würden
uns, glaube ich, sehr gut vertragen«, sagte er plötzlich und
klopfte mir auf die Backe. Dann aber begann er ernstlich
über meine Situation zu reden. »Ich habe eben Erkundi-
gungen eingezogen über das Magazin. Der Chef steht kei-
neswegs in gutem Leumund. Ich rate Ihnen davon ab,
dort einzutreten, aber vielleicht haben Sie noch andere
Fertigkeiten, die sich verwerten ließen?«

»Ach ja, Herr Maupassant, ich tanze sehr gut.«

»So, dann wäre ja der Zirkus oder das Ballett gar nicht
übel!« meinte er nicht ohne Ironie. »Und welcher Tanz
wäre denn Ihre Spezialität?«

»Danse de ventre.«

»So?« Maupassant lächelte erstaunt. »Da müssen Sie
mir gleich eine Probe Ihrer Fertigkeit ablegen.«

»Eh bien!« rufe ich in heller Begeisterung: »Sie werden
der Pascha sein, vor dem ich mich mit meinem Kostüm

produziere.« »So hätten wir auch das Lokalkolorit«, er-
gänzte er. Ich war indessen schon so eingebürgert in der
gastlichen Wohnung, daß ich die Türe öffnete und Mau-
passant bat, solange meine Toilette währte, zu verschwin-
den. Eine golddurchwirkte Decke, die auf einem der
Tischchen lag, nahm ich und wand sie um meine Lenden
bis zu den Füßen herab. Ich löste meine Haare und ent-
nahm einer Vase einige Nelken, die ich mir kreuzförmig
um den Kopf flocht. Ich muß ausgesehen haben wie eine
Wilde.

»Entrez, Monsieur le Pascha, s'il vous plaît.«

Maupassant trat ein, auf dem ausdrucksvollen Kopfe
einen Fez und um den Hals eine reiche Münzenkette, mit
majestätischem Ernst nahm er auf einem zum Thron um-
drapierten Sessel würdig und feierlich Platz, und die Vor-
stellung begann.

»Charmant, drôle, superbe!« rief er ein über das andere
Mal, und seine Würde vergessend, begann er taktmäßig
den Kopf hin- und herzuwiegen bei jedem, Kastagnetten-
schlag markierenden, Schnippen meiner Finger. Die Nel-
ken aus den Haaren nehmend, kniete ich zum Schluß vor
ihm nieder. »Mein Fürst und Gebieter, hat deine Prinzes-
sin Gnade vor deinen Augen gefunden?«

»Was begehrst du?« rief der Pasche mit Pathos.

»Deine Freundschaft, Herr.« — Wir fuhren am Abend
noch, da Maupassant sich dagegen sträubte, mich in das
obskure und für mich gänzlich ungeeignete Hotel »Mai-
son Bohème« zu bringen, in dem ich bei meiner Ankunft,
da es mir wie ein Wahrzeichen erschien, abgestiegen war,
zu Madame L. T. — Unterwegs bat er mich, ihn zu küssen,
da er doch mein Gespiele sei. Ich war im Begriff, meinen
Kopf in die Höhe zu recken und ihn zu küssen, da ich sei-
nen Wunsch ganz natürlich fand – doch nein – plötzlich

senkte ich meinen Kopf wieder in die alte Lage zurück, denn in diesem Augenblick fiel mir ein, was Maupassant mir gesagt: »Ich verachte die Frauen, weil ich sie nötig habe.«

»Nun, plötzlich anders gewillt?« rief er erstaunt und gekränkt.

»Ah so«, meinte er lächelnd. – – –

Madame L. T. empfing mich liebenswürdig und küßte mich nach französischer Sitte auf beide Wangen. »Hier bring' ich Ihnen einen kleinen Robinson«, erklärte Maupassant. »Und vor allen Dingen une belle fille«, sagte Madame L. T. weiter. »Das finde ich keineswegs«, warf Maupassant ein, »apart – ja – ein Mädchen mit Knabenaugen.«

Mit gedämpfter Stimme unterhielten sich die beiden, wahrscheinlich über meine Zukunft, hinter der Portiere, und dann empfahl sich mein Beschützer, nicht ohne mich nochmals ausdrücklich zu beruhigen: »Mein liebes Fräulein, seien Sie unbesorgt, Sie befinden sich in den besten Händen!« Madame führte mich in ein kleines Boudoir, wo wir den Tee einnahmen. Sie hörte nicht auf mit Liebkosungen; und noch mehr wie meine Leidensgeschichte interessierte sie mein Renkontre mit Maupassant. Meine Wangen glühten im Gespräch, und ich machte ihr das Geständnis, daß Maupassant mir sehr gut gefiele, daß er mich habe küssen wollen, was ich aber stolz abgelehnt. Als ich schwieg, begann die Dame, die während meiner begeisterten Aussprache erblaßt war, mir klar zu machen, in der delikatesten Weise, daß man die Liebe eines Mannes wie Maupassant sich am besten bewahre durch Zurückhaltung. Und dann verstand sie in rührender Weise, mich aufmerksam zu machen, wie besorgt meine Angehörigen nun wohl um mich sein würden. Sie brachte mich zu Bette

wie ein Kind, und ich konnte nicht unterlassen, meine
Arme um sie zu schlingen wie instinktiv, um ihr Abbitte
zu leisten dafür, daß ich ihr Schmerzen bereitet hatte. Ich
weinte bitterlich diese Nacht, nicht ohne das wohltuende
Gefühl einer gewissen Hochachtung vor mir selbst –
denn ich faßte den Entschluß, eine heroische Tat zu voll-
bringen, Paris zu verlassen – Maupassant nie wiederzu-
sehen.

Morgens früh klopfte ich an die Tür der Dame und
teilte ihr meinen Entschluß mit, daß, falls sie mir das Geld
zur Rückreise borgen wolle, ich Paris verlassen würde. Ich
glaube, im Grunde plagte mich das Heimweh, das durch
das Wort Madame L. T.'s noch geschürt wurde.

»O, meine liebe Madame L. T., nicht wahr, Sie grüßen
Monsieur Maupassant von mir?«

PAUL LINDAU

Manchmal sitzt Paul Lindau abends im Café des Westens und freut sich über die bunten Jünglinge und zwitschernden Mädchen. Er ist nicht hochtrabend, er tut mit. Seines Herzens leuchtende Farbe ist nicht eingetrocknet. Meine Eltern hatten Paul Lindau furchtbar lieb. Er war Redakteur in der Elberfelder Stadt. Ich habe Paul Lindau eines Tages gesagt: »Herr Doktor, ich bin Else Schüler.« Da meinte er, er habe meine Eltern nicht vergessen. Und wenn wir uns nun begegnen, denken wir an ein Haus am Wupperstrand, darin die Feste ein und aus tanzten. Paul Lindau hat Temperament, er kann keine Maske anlegen, sie würde nicht lange dauern vor seinem Herzen. Er ist ewig jung. Aber auf allen Tischen und Vorsprüngen seiner Gemächer liegen antike Sammlungen, rissige Geschenke aus allen Erdteilen. Ich muß Paul Lindau aus meinem Leben erzählen; er versteht zuzuhören; diamantisch strahlt seine Liebenswürdigkeit, Mutter und Großmütter, Vater und Urväter hängen eingerahmt in goldenen Rahmen über seinem Schreibtisch; er selbst als Knabe blauäugig und rosengelockt. Nicht viel älter war ich, als ich seinen wundervollen Barmer-Roman las, von seinem alten Pfarroheim und den beiden süßen Kusinen. No leckern Äppeln rukt sinne Liebesgeschechte on dat ganze Hus von sing heelegen Onkel bis bowen op die Rompelkammer, wo die Äppels em Wenter legen. Ich erinnere ihn an die Sitte. Paul Lindau weiß alles noch ganz genau. Diabolisch sind die schwarzen Täler der Schornsteine – denkt seine ernste Stirne, aber die Sonne spielt dazu ganz bunt auf seinen schlanken Händen.

BEI JULIUS LIEBAN

Ich bitte Herrn Lieban, mir einen Nachtigallenspaß aus
seinem Leben zu erzählen. Wir sitzen in seinem kleinen
Gemach auf gemondeten und gestreiften Diwans, Herr
Lieban, sein Töchterchen Eva und ich. Herr Lieban er-
zählt von Wanderzügen nach dem Süden. Wunderbar ahmt
er die Begeisterung des temperamentvollen Publikums
nach; eine ganze Reihe verschiedener Mienen huschen
auf seinem Gesicht vorüber. Noch heute spricht man in
Florenz davon, wie er eines Tages angeflogen kam und
gesungen und es hinausgejubelt hat das feurige Lied an
die Teure seiner Heimat: »Dein ist mein Herz und soll es
ewig bleiben!!« Und wieder zarter einsetzend: »Dein ist
mein Herz und soll es ewig bleiben …« Und bei seiner
Abreise haben sie auf dem Bahnsteig, auf dem Trittbrett
und im Waggon gestanden. Jedes trug ein leuchtendes
Herz am Busen geheftet. »Arivederla, Signor Giulio, ari-
vederla!« Ein halbes Kind war er damals noch, aber Herr
Lieban ist noch heute neunzehnjährig mit seinen kurzen,
schwarzen Ringelrangelrosenlocken und den dunklen
Schalkaugen. – Mutwillig, sturmwillig über die weichen
Teppiche – hin und her flattern die Portieren. »Hab' im
eigenen Hause keine Ruhe – hören Sie, da klingelt's wie-
der.« In diesem Salon unterschreibt Maestro ein Engage-
ment, in jenem erwarten ihn bittende Lippen. Einige
Damen in Pelz und Federhüten sehe ich durch den Per-
lenvorhang auf niedlichen Rokokostühlen sitzen. Herr
Lieban soll in einer Wohltätigkeitsvorstellung singen,
Herr Lieban kann nicht abschlagen, das wissen alle schon.
Mit zugehaltenen Ohren eilt er plötzlich wieder an uns
vorbei; aus dem Studierzimmer dringen schmerzliche
Töne einer harrenden Schülerin. »Sie stimmt ihre Kehlia-

tur«, flüstert mir schelmisch Eva ins Ohr. Und Herr Lie-
ban weiß gar nicht, was er zuerst erledigen soll. Klein-Eva
und ich sind ganz alleine – Klein-Eva hat ebenfalls einen
Kobold im Auge sitzen und Goldflatterhaare hat sie; sie
will nicht zur Bühne gehen – der Vater hat ihr zu viel
Schlimmes von dort erzählt. Und als Herr Lieban sich uns
wieder widmen kann, bitte ich ihn, auf sein Töchterchen
zeigend, mir auch etwas Schlimmes von dort zu erzählen.
Er nickt einige Male ernsthaft mit dem Kopf, er nickt sei-
nem Liebling zu; der scheint zu wissen, was seinen Vater
so verwundet hat. »Ja, ich kann's nicht verschmerzen«,
sagte Herr Lieban, »genau fünfundzwanzig Jahre sind's
her, ich spielte den Mime in der Premiere des »Siegfried«
im Berliner Viktoriatheater. Wagner stand hinter der
Bühne, und es geschah, daß man mich nach dem zweiten
Akte verlangte und den Schöpfer vergaß. Wagner stürmte
fort und ließ sich am Abend nicht mehr sehen. Aber das,
was ich nicht verschmerzen kann, ist: als wir am andern
Tag den Erfolg des Meisterwerks feierten und wir Mitwir-
kenden uns am Eingang des Theatersaals aufgestellt hat-
ten, Wagner unsere Ehrfurcht in Form einer Gabe zu
Füßen zu legen, daß er da jedem von uns lebhaft die Hand
drückte, an mir vorüberschritt, meinen Gruß nicht beach-
tete und mir zurief: ›Sie haben mir ja den gestrigen Abend
umgeschmissen.‹ Sehen Sie, das habe ich nie verschmer-
zen können, gerade weil er ein Gottkünstler ist.« Eva sagt:
»Vater hat's gedruckt im Buch stehen« – sie springt aus der
Türe und holt das vergilbte Buch vom Schreibtisch. Herr
Lieban muß lächeln. Aber seufzend mit der Puppe im
Arm begleitet mich Eva die Treppe hinunter. Durch die
Villenallee nach Hause zu lese ich im Vorübergehen an
der Litfaßsäule Julius Liebans Namen. Er singt heute
abend den David, den finsterulkigen Schusterjungen. Den

David kann kein anderer singen. Seine Stimme sind Saiten einer Leier, die einmal an einem Freudentage ein Gott erschaffen hat. Seine Lieblingslieder rauschen durch Seidengärten, und mit Silberglocken behangen klingen seine Schelmengesänge und tragen bunte Tracht. »Es ist zum Küssen …« einer sagt's dem andern unter den großen Lichtsternen entzückt ins Ohr.

TILLA DURIEUX

Ich würde für sie auch im Privatleben das Eboligewand wählen, den zackigen, weißen Kragen, der ihr Angesicht, ein Bukett von Lichtwende und Herzschatten, wie mit einer Atlasmanschette umgibt. Frau Durieux spielt im Theater Reinhardts die Eboli; die schlummernde Saitenspielerin ist auferstanden aus ihrem Sarkophage. Es tut wohl, sie in »prinzeßlicher« Wirklichkeit wiederzusehen, in ihrem eifersüchtigen Herzen zu erleben den Kampf mit der Kabale. Den schnöden Verrat an die Königin verabreicht sie dem lauernden Pater noch mit traumhaften Fingerspitzen. Keineswegs hysterisch gehässig – historisch wie ihr Kleid wirkt das intrigante Frauenspiel in der Kapelle steinerner Nacht, an der blutgenagelt Gottes Sohn hängt. Frau Durieux' verzweifelte Gebärde, nachdem ihre Königin sie verstößt, erinnert an das Gemälde der büßenden Magdalene. – Als ich sie vor einiger Zeit in ihrem Gemach erwartete, suchte ich unwillkürlich nach der Laute. Da kam mir entgegen Rhodope, ihre Hände hingen herab wie Myrthen. Diese himmelweiße Syrierin ist der Glorienschein ihrer Eingebung, das keusche Geschmeide ihrer Begabung. Beweglich ist die Verwandlungskunst der Frau Durieux, denn wer vermutet, nach der bräutlichen, geduldigen Königin und der verwöhnten Lautenspielerin, »Sie« in der bitteren Haut der eigensinnigen Spielverderberin, der ältlichen Schwester der Brüder im »Friedensfest«. Krummrückig zum Fußaufstampfen, hartnäckig widersetzend, den Angehörigen eine giftige Augenweide. – In »Gott der Rache« von Schalom Asch spielte Frau Durieux die junge Kupplerin des Bordells. Ich sehe sie noch keck in der Mitte des Sofas sich hinflegeln mit der Frechheit einer freigewordenen Sklavin, mit

dem Machtbewußtsein, vernichten zu können je nach
Berechnung. Das scheußliche Verbrechen ihres früheren
Bordellchefs zappelt auf ihrem Knie, sie läßt es kichernd
über ihrem Strumpfband hängen, sie braucht nur den
lockeren Vorhang aufzuheben. Tilla Durieux spielte skan-
dalös hervorrragend. Hier nenne ich die Schauspielerin,
die Charakteristik ihres Zivils vergessend, kurzweg »Tilla«
Durieux; aber wer sie in ihrem Privatgemach je sah,
umgeben vom Staat schützender Tore und mächtiger
Bequemlichkeiten, sie selbst zum Empfang der Gäste sich
liebenswürdig ermannend, wird mit mir empfinden, daß
sie keineswegs eine Bohemin ist, zu treu dem Einen außer-
dem, auch daß ihr die seelische Leichtigkeit der Umgeben-
heit fehlt, und ich nenne sie »Frau« Durieux nicht etwa, wie
man die Spießerin zu nennen pflegt, aber weil sie die Hof-
dame der Schauspielerinnen ist; jeder Tag muß ihr »d'or-
jour« sein. – Auf dem Sezessionsfest im Februar teilte sich
die Menge in zwei Flittergitter, als sie den Saal betrat. Sie
trug ein dunkles Spitzenkleid und eine hängende Nelke im
Haarknoten. Ich fragte den Rektor in »Frühlingserwachen«
an unserm Tisch, wer die schwarze Leopardin mit dem
Blutstropfen am Nacken sei. Prangende Schlichtheit, ge-
schmeidige Charme, in ihrem Herzen blühen feine Ner-
ven schmerzvoll auf. Aber als es Mitternacht war, tanzte
sie, auf einer Perle des Sekts rollend, mit leuchtenden
Augen im bunten Spiele der Masken. Dieses Jahr gibt es
wieder ein Fest; ich hoffe, daß Frau Durieux auf Erden
weilt, sie hält sich nämlich ab und zu mit Vorliebe oben in
den Wolken verborgen, in ihrem Luftballon, und was wird
sich Prinz Karneval ärgern, wenn sie ihm nur eine lange
Nase machen wird. – Die Maschen des Netzes, das den
Ballon umhüllt, lockerten sich schon einmal. »Ein Punkt
in der Ewigkeit« kommt man sich im Raume vor, erzählt

Frau Durieux. Sie ist ohne Furcht und Zaudern. Zwischen Leere und Leere, Vogel sein, nur Atem, so folge ich in Gedanken den Schilderungen der Luftschifferin in die Lüfte. Da nimmt ihr Terrierhund einen Anlauf aus salon-ansalongereihter Ferne, springt mir auf die Schulter, ich falle vor Schreck aus allen Himmeln.

FRIEDRICH VON SCHENNIS

Der Baron ist eine Schöpfung aus Genie; er ist bereitet aus Himmel und Satan, aus Fegefeuernuancen und Gottblau. Mein Bruder nannte ihn den Marquis; ich dachte immer, könnte ich den Marquis sehen. Eines Tages sah ich den Marquis in gepuderter Perücke, in blauem Samtrock, die Rokokohände zwischen feinen Spitzen, lustwandeln über die Wege von Sanssouci auf seinem Bild in der National-galerie. So überall im Rahmen atmet er mit seinen Farben vermischt; zwischen Ocker und Blau liegt er auf seiner Palette. Und aus den Rosen des Parkes steigt sein Duft und die Stirn des Schlosses bescheint seine Andacht. Friedrich von Schennis ist ein Andächtiger. Noch zwischen losen Frauenlippen und seinem wilden Zynismus lauscht er nach Gott. Sein Zynismus schluchzt. Der Baron ist schön, sein Angesicht ist feierlich, immer liegt ein Schleier auf seiner feinen Haut. Die fältet sich schmerzlich dann, wenn sein Auge die Wirklichkeit erblickt, die Wirklichkeit ohne Zeremonie. Ich wundere mich nicht, daß er den Philister haßt, den Sonntags- und Alltagsphilister; noch eindring-licher aber empfinde ich seine Verachtung gegen den frei-gewordenen Bürgersohn, den Studenten der Kunst. »Die Kunst kann man nicht erlernen, nicht wahr, Herr Baron, Herr Marquis, König aller Könige?« Ich sitze neben ihm und bin der Prinz von Theben. Und zu seiner Linken ver-steht ein Arzt des Rausches die unbekümmerten Launen des Barons zu beschwichtigen. Aber der Baron liebt das Gaukelspiel des Herzens. Wir müssen mit ihm Champa-gner trinken, er will Begleiter zur Vergessenheit haben. Aber ich weiß, der Baron kann nicht vergessen, er kann wohl trunken, doch nicht betrunken werden. Ich vergieße den schäumenden Luxus; der herrliche Mundschenk zersplittert, mich zu ehren, meinen gläsernen Kelch. Das hätte Friedrich der Große auch in seiner Flötenlaune getan; der Baron stammt aus der Zeit der Flötenkonzerte. Er hat kein Alter, er ist wandelbar wie die Zeit, die einmal Lenz und einmal Herbst zum Zeitvertreib ist. Trägt der Marquis nicht seine Perücke wie auf der Schloßlandschaft in der Galerie, so ist sein Haar aschblond, sein Auge ist aus Merveillieuxseide, und seine Hand bewegt sich immer wie zum Holen einer Schönen zum Menuett. Seine Freude und seine Schwermut sind Jünglinge, und darum haßt er den Tod und möchte ihn vergessen im Wein. Sein Esprit erinnert an Voltaire, lauter Blitze, die treffen und Brände werden. Wenn der Mond gegangen ist über den Garten, dann werden wir auch nach Hause gehen, ich will noch über Friedrich von Schennis einen Essay dichten. Seine Bilder sind adlig und blaublütig. Liszt, der Musikpapst, Wagner und der Großherzog von Weimar sind seine stolzesten Werke, und die vielen Liebeslandschaften hängen in Nischen minniglicher Schlösser.

WILLIAM WAUER

Als das Café Kutschera noch seinen adligen Namen »Sezession« trug, hielt in dem oberen Raum des Cafés William Wauer einen Vortrag über Theaterkunst. Ein junger Schauspieleleve nahm mich mit herauf; viele Eleven und Elevinnen schritten vor mir in den Saal der grauen Sammetsofas und Sessel; ich war die einzige unter den Zuhörern, die Wauer noch nie gesehen und doch ihn sich genau so vorgestellt hatte mit der eigenartig schmerzlichen Sicherheit in den Augen und in den Gebärden. Ein großer Geiger, der nicht die göttliche Geige findet. Ein großer Dirigent – ist nicht sein Vortrag ein Zusammenspiel vielerhand Instrumente gewesen. Lebendige Violinen, seine Schauspieler; er mag nicht die erste Violine zwischen ihnen, die den Ton angibt, kein Genie, das sich abtönt, hervortönt von den anderen Tönen. Das Zusammenspiel seiner Leute, eine Genieleistung soll sie sich heben aus der Fertigkeit seiner Hand. Als das künstlerische Theater aus Moskau in Berlin gastierte, gedachte ich der Worte William Wauers. Der Zar bis zum Onkel Wanja und die Frauen all, glichen seinen Idealgeschöpfen. Wandelnde Töne, schreitende Melodien, unbezahlbare Instrumente mit tausendtiefem Ton. Aus Spielläden und Kotillongeschäften liefert man William Wauer, Spaßgeigen, Trompeten, Kriköhs: Dillettanten und Tantinnen. Sie essen ihre Rolle, um sie ganz im Leib zu haben. Sie muß ihnen auf den Leib passen. Aber der Schauspieler soll den Duft seiner Rolle einatmen. Über solch trunkene Seele zu streichen mit seinem Bogen. – Seine Regie steht auf Füßen, das Milieu gleicht dem Bewohner des Schauspiels. Erster Aufzug: Veranda, von Säulen umstanden. Zweiter Aufzug: Wohnzimmer der gräflichen Familie. Man kann sich gar kein anderes Innere vorstellen nach dem Wuchs der Villa. William Wauers Regie ist anatomisch. Sein Blut möchte fließen durch die Adern seiner Schauspieler wie ein Strom durch das Spiel. Das soll keimen und aufgehen aus seiner Gestalt in vielen Gestalten. Kein Asiate ist er, dem die Tragödie nur eine einzige Kriegsgebärde wird. Er meint, zu den Wilden gehöre ich, und mit der eigenartig schmerzlichen Sicherheit im Auge betrachtet er mich wie ein fremdes Instrument aus Bambus.

WAUER-WALDEN VIA MÜNCHEN USW.

O, wie wohl ist mir im Herzen zwischen den vielen scher-
zenden Herzen; alle sind bunt und brennen, aber mein
Herz ist blau und glüht. Am Morgen hänge ich es an einen
sorglosen Blumenbaum und lasse es zwitschern. Wie ich
so dahinlebe, ich bin einer der fahrenden Schüler aus
St. Peter Hilles Platonikers Sohn. Im Tanzschritt ziehen
wir durch das Grün der Stadt hintereinander mitten im
Mondpolka. Die Straßen und Plätze duften noch nach
Marienbalsam der Dome. Wir schweben, kennen die Sünde
nicht, an der Welt vorbei, mit München der Südstadt
Deutschlands im Arme. Ich muß München immer küs-
sen, schon, weil ich Berlin hinter mir habe; wie von einer
langweiligen Kokotte geschieden fühle ich mich. Meine
Freunde spielen Harmonika, wir ziehen an Schaufens-
tern pietätvoller Läden vorbei; Meisterbilder, frommer
Schmuck, wilde Waffen aus den Gräbern der Bibelfürsten
und überall die blauen König-Ludwig-Augen! Eine alte
Riesenkommode ist München, aus einem bayerischen
Alpenknochen gehauen. Man kann so andächtig kramen
in München und ausruhen auf gepolsterten Erinnerun-
gen. Hier freut man sich seiner selbst, man findet sich in
seinem glücklichsten Augenblick oben auf dem Berge der
Stadt. Im Vorbeischreiten an den Gärten Obersendlings
flüchtet vor mir das prahlerische Häuserregiment Berlins.
Es steigt die Erde, ich sitze auf ihrem Rücken in einem
der Schlösser. Ich bleibe hier für ewig! Man sagt das so
leicht. Ein Paradies ist München, aus dem man nicht ver-
trieben wird, aber Berlin ist ein Kassenschrank aus Asphalt;
der ihn zum Labsal benutzt, hängt sein Herz engherzig als
Schloß davor. Ich soll mich so ganz erholen in der bayeri-
schen Hauptstadt. Gibt's auch Cafés hier? Da winkt schon

eins von ferne. Sei mir gegrüßt, oder wie der Bayer sagt
»Gott grüß dich, Café Bauer!« Von einem Altan herab
ladet es den Vorbeiwandelnden einzutreten, manchmal
sogar holt der luftschöpfende Ober den Gast in sein Kaf-
feehaus nach südlicher Sitte. Ich stelle eine gewisse Ähn-
lichkeit zwischen dem Café Bauer mit unserem Café des
Westens fest, unserer nächtlichen Heimat, (grinst nur ver-
fluchte Somaliphilister und Sudanproleten) unserer Oase,
unserem Zigeunerwagen, unserem Zelt, darin wir aus-
ruhen nach dem alltäglichen schmerzvollen Kampf. Die
Frau Wirtin ist sanft, sie pflegt unsere Launen, die uns der
Bürger schlug. Vom Oberober bis zum Unterunter passen
die sich dem Rhythmus der Gäste an. Herr Rattke hat wie-
der ein neues Buch geschrieben in Trochäen über Servie-
ren, verrät mir Richard, der Zeitungsverweser, der Jour-
naltruchseß. Er liest mit Pathos mein Gedicht im Sturm
vor über München; ich beginne zu seufzen. Was fangen
nun die spielenden Straßen dort ohne mich an und die
vielen gaukelnden Herzen? Daß die gesund bleiben, dafür
sorgen die Ärzte, namentlich der unvergleichliche Doktor
Arthur Ludwig. Alle seine Patienten kommen, weil er der
unvergleichlichste Mensch noch dazu ist, nie zur ange-
schlagenen Zeit in die Sprechstunde, wegen der süßen
Speisen und Marmeladen, die zum Mittag aufgetragen wer-
den von seiner emsigen, lieben Haushälterin. Und die bett-
losen Patienten und Freunde nahen gewöhnlich mit dem
Dietrich und der Zahnbürste im Gewande, sie kommen
vom Rande ihres Lebens und der Doktor, ein heiliger Wirt,
wie auf dem Bilde in seinem Sprechzimmer, zu sehen ist:
»Fräulein Haushälterin, besorge für den Fremdling nun
eine Lagerstatt.« Er ist direkt ein Engel. »Ein starkfüh-
lender, intelligenter Engel«, betont ein Kollege von ihm,
Doktor Max Nassauer, der dichtende Arzt in München.

Wir gehen alle in den Simplizissimus, in Kati Kobus'
berühmte Künstlerkneipe. Heute kommen die Kegler! Ich
meine die Leute vom Kegelabend. Ludwig Scharf trägt
mit starkem Ton seine Verse vor, jedes Wort ist an das
andere geschmiedet. Sein Gesicht ist eine diabolische Ara-
beske. Dazwischen tönt die fahrende Stimme des Gitarre-
spielers und die liebenswürdigen, drolligen Bemerkungen
Max Halbes; er gefällt mir sehr. Und all die kleinen sum-
menden Mädchen mit den braunen und blonden Liedern.
Und die Hauptsache bleibt die Kati Kobus, die Simplizis-
simusherrscherin mit dem Kronmal auf der Stirn. Sie ist
die Herzogin des Rausches, sie ist eine Regierende. Wer so
zu unterscheiden vermag wie sie! Eine Juwelierin, wer so
das Angesicht auf sein Geistkarat zu werten vermag. Das
Scheiden aus ihrem Nachtgarten, wo das Lachen blüht
zwischen Bilderhecken, tut mir besonders weh. »Frau
Helene«, sage ich mich ermannend eines Morgens zu mei-
ner Wirtin, »es muß geschieden sein!!!« Berlin! Vom Wag-
gon aus steige ich sofort die Stufen des Kleinen Theaters
hinan zur Generalprobe der Vier Toten der Fiametta.

Direktor Wauer fundiert noch seinen letzten Fußstap-
fen, er legt so das Schreiten und die Gebärden der Spielen-
den fest. Fest und sicher bewegt sich nun das ungeheure
Pantomimendrama und ballt sich wieder zur Einheit. So
wohlgeformt und nicht ein Abweichen, nicht ein über-
flüssiges Zureichen allerleigrauen führen des Schneiders
(William Wauer) Klauen die Schneidernadel unentwegt.
Grandios ist die Bewegung seines Mundes, die nicht ein
stummes Reden, aber ein drohendes Auftun seines Gesich-
tes bedeutet. In großen teuflischen Zeichen nicht minder,
wie ihr Direktor, spielt Rosa Valetti, die Schneidersfrau,
und rotangefüllt, ein Blutbezechter, ein wankender Bär,
tappt der Lastträger (Guido Herzfeld) auf den Ruf der

verzweifelten Fiametta über die Stufen der Treppe, in das Trauerspiel. Das Harlekintrio. Ein Gemälde, das im Anschaun mit dem Körper des Bewunderers verwächst. Und die ungeheure Last Trauerspiel, rollt sich auf einer Musik *aufwärts* hochmütig über die Leiche verdutzter höhnender Kritik. Herwarth Walden, ein Hodler der Musik, der alles Süßliche zerreißt im Siegeskrampf und Kampf. Morgen ist die Premiere der Vier Toten der Fiametta.

EMMY DESTINN

Ich schrieb ihr am Schluß meines Briefes: »Semiramis, hinter den düsteren Gängen deines Palastes vermute ich hängende Gärten«, Worauf sie ans Ende ihrer Zeilen setzte: »Meine liebe Dichterin, meine Gärten sind diesen Abend wilde, verschwiegene Schluchten, kommen Sie und hören Sie mich die Carmen singen.« –

Manchmal versteckte ich den Kopf in das Sammetgehang der Loge, den dunklen Strom ihrer Stimme einsam über mich rauschen, tanzen zu hören über üppige Pfade heißer Lippen liebentlang. –

Der Soldat Don José sitzt abseits der Ausgelassenen und schmiedet seine zerrissene Säbelkette, versunken in Mutter, Heimat und Liebchen, dem frischen blonden Blümchen der treuherzigen Provence. Aber da steht sie hoch auf der Brücke, lauernd, hungrig – o, du gewaltige Carmen-Katze! Den Oberkörper weit nach vorwärts gestreckt, schleicht sie bestienmajestätisch über die Treppe, die zu ihrem Opfer führt. Es durchgreift den Soldaten eine peinigende Unruhe, er vertieft sich gewaltsam in seine Arbeit, aber seine Finger zittern vor ängstlicher Wollust. »Ei, du süßer Kettenschmied!« Und ein Strauß greller Rosen fällt zu seinen Füßen nieder. Die lockende Schwere ihres Liedes ergreift ihn, es berauscht ihn der singende Duft ihres Blutes. –

Und dann Carmens grausames Begegnen mit Don Josés Liebchen, Carmens zum Sieg gerüstetes Entgegenziehn der fremden Rasse, aus der sie ihr Opfer geraubt hat, das sie lieben und peinigen muß und zerstören wird. »Sieh, ich nehme dich, ich verschlinge dich!« Und ihr Gesang und Spiel bekommen Tatzen, die den Geliebten umkrallen, den Kampf seines Soldatenherzens zerreißen und ihn ihr zu eigen machen. Bravissimo, Carmen – Emmy Destinn!

Und nun das Schwärzerwerden ihrer Stimme vor dem verstoßenen, verhöhnten Geliebten, die trübe Todesangst, die sie betastet. Und leise klingt die Hochzeitsmusik, beben die Zaubertöne, die den Soldaten gelockt haben in die Netze ihrer furchtbaren Seele. Carmen! Todwund heben sich die Lider ihrer bebenden Pupillen – ihr Sprung mißglückt. Feierlich singt das Cello und flehentlich die Geigen. Draußen wartet Escamillo. Carmen zerreißt ihre Haut aus Hochzeitsseide und veratmet, noch ehe Don José ihr treuloses Katzenherz durchsticht. Blaß werden die Klänge in der Ferne.

> Die Lieb, die von Zigeunern stammt,
> Fragt nicht nach Recht, Gesetz und Macht.
> Liebst du mich nicht, bin ich entflammt,
> Und lieb ich dich, nimm dich in acht!

Als ich am Tage nach der Vorstellung Emmy Destinn besuchte, saß sie auf ihrer Bank von Gold aufrecht, den Kopf düster gesenkt, wie die Blüte einer Pharaonenblume. Sie trug ein Kleid aus bunten Farben der Gewänder assyrischer Königinnen. In ihren Ohren hingen Gehänge von durchsichtigen, gelben Steinen. »Habe ich Ihnen gestern gefallen?« fragte sie mich. Und ehe ich antworten konnte, pochte es leise an die Tür – mit einer Tasse süßen Duftes trat eine ältere Frau ins Gemach und flüsterte ihrer Königin mit besorgtem Augenrollen und Kopfschütteln einiges ins Ohr. Als sie draußen war, sagte Semiramis zu mir: »Sie war meine Amme und ist noch immer um ihr herangewachsenes Baby in Besorgnis.«

Wir setzten uns an ein kleines Rosenholztischchen. Vor dem Fenster dämmert es schon, in ihrem Gesicht scheinen plötzlich ganz hell die beiden großen, braunen Monde.

»Komm, wir wollen um die Rosenholztische Fangen spielen!«

An der Wand, mir gegenüber, hängen die verschiedenartigsten Instrumente, wohl an zehn Geigen. »Und der Flügel dort, ist der Flügel Webers gewesen«, erzählte sie lebhaft. »Und sehen Sie sich auch einmal diese Bildergalerie dort an; ich habe eine mächtige Verehrung für Napoleon den Ersten.« In jedem Lebensalter hängen Bildnisse des ehernen Kaisers von Frankreich da, Briefe in zärtlichen Rahmen, Waffen, die er geschwungen hat, umzäunt mit Lorbeeren. –

Katzen, Hunde, Hasen, Hähne, Puten von leuchtendem weißen Porzellan, venetianische Vasen, vielarmige Leuchter stehen auf stolzen Säulen und Elfenbeintischchen. Da seh' ich mich zu meinem Leidwesen drei, vier, fünf, immer noch mehrere Male in großen Spiegelwänden. Die schöne Königin hat, ohne daß ich es bemerkte, die Türen ihres weiten Paradieses geöffnet: blühende Seltenheiten und Seide.

»Besuchen Sie mich bald wieder«, sagte sie; ein Lächeln in den tausendjährigen Augen.

FRANZISKA SCHULTZ

In Berlin gibt es eine Fraue, die die Schmerzen Marias leidet, sieben Schwerter im Herzen; und die doch gnadenreich herablächelt auf die Armen und Kranken. Jeder Mensch, der sich ihr nähert, ist ihr Jesuskind. Einen Tempel müsse man um diese Mutter bauen, einen Garten pflanzen, der ihr blühender Mantel sei. Ich kann mich nicht der Fraue nahen, ohne ihr meine Andacht zu bringen. Verirrte Magdalenen treten durch ihres Hauses Pforte ein und rasten; ruhen aus und besinnen sich unter der Liebe ihres Mutterdachs. Franziska Schultz ist die Mutter des Mutterschutzes. Man könnte fast das gefallene Mädchen ihrer Patronin wegen beneiden. Mit fürsorglicher Liebe lullt die höchste Fraue der Gnade die verstoßene Mutter und ihr pochendes Spielzeug mit ihren beiden Armen zärtlich ein. Kein Vorwurf trifft die Tragende, ihres Kindes wegen, das noch auf seinem rechtmäßigen, heiligen Muttererbe blüht. Alle Mütter aber lieben die Eine.

Eine Dame, die den Glanz irdischer Glänze ausdrehte und durch die dunkle Straße schreitet, wo das Elend wuchert. Nun wohnen keine verwöhnten Gäste mehr in ihrem Hause, aber solche, die ein Herz voll Liebe beanspruchen. Tragende und Beladene treten durch ihres Herzens geöffnete Pforte ein. Maria!

KETE PARSENOW

Die Venus von Siam ist die Kete Parsenow. Feingebogene Dolche sind ihre Augen, wie die der Göttinnen in goldenen Tempeln.

Peter Altenberg gab vor einigen Jahren eine Zeitschrift heraus, auf jeder Seite stand »sie« in blonden Farben. Die Kete Parsenow spielte damals in Wien am Theater; nun wird sie hier spielen, und doch sollte solche Schönheit verborgen bleiben, im heiligen Haus zwischen geopferten, schweigenden Blumen. Im Sommer begeisterte sie hier als Ophelia die Zuhörer. Blutschwarz sank Hamlets Kopf in den Schnee ihres Schoßes. Immer wird sie die Jungfrau der Schauspielerinnen bleiben; sie ist unbetastete Skulptur. Einmal legte sich vor ihr nieder eine weiße Steppenhündin und wurde ihr ähnlich. Als sie vom Strauch eine Rose pflückte, blühte die höher in ihrer Hand. Sie ist selbst ein Wunder. In der Frau vom Meere erschrak sie vor dem Überschwang ihres Herzens. Und Ibsen, was hätte er gesagt, wenn er der Kete Parsenow begegnet wäre, seiner Generalstochter Hedda Gabler. Kete Parsenow ist sich ebenbürtig, sie ist ebenso schön wie großherzig. Elfenbein ist ihre Haut; immer singt ihr Gesicht. Einmal wurden die Sicheln der Venus zu Monden, als sie böse war. Ich sah die Venus von Siam lächeln, ich sah die Venus von Siam sterben.

RUTH

Sie müßte eine Patronesse haben – etwa die Kaiserin von Island oder eine reiche Eskimotochter; vielleicht wird es eine Inger auf Östrot sein. Ruth ist eine Tragödin. Schon seit zwei Jahren spielt sie mit Vorliebe Partien aus Ibsens Werken. Ihre Dreijahrärmchen heben sich zürnend zum Himmel: »Götter!« Ich habe Ruth nie lachen sehn und auch weinen nicht, wie andere Kinder. Ruth lacht mit Vorsicht, plötzlich hält ihr Gesichtchen wie eine kleine Sonne zu leuchten inne – und weinen tut Ruth, um wieder zu lachen. Und am Abend dauert es eine Weile, bis sie einschläft, gerne läßt sie einen schmalen Guckspalt offen für den Morgen, ob auf der Heizung ein Schokoladenkakes liegt, von einem verkleideten Onkel als Nikolas oder einer Zuckerhäuschentante gespendet. Ruth gastierte zum erstenmal im Vorgarten des Cafés des Westens, sie war damals zwei Jahre alt und trug ein weißes Kleid über glänzendem Stoff von der Farbe ihres Mündchens, das auf einmal zum Mund wurde, wie gehext, strenge Furchen zog; ich erschrak. Und noch dazu der finstere Ibsenblick, der mich furchtbar einschüchterte. Immer tiefer sank Ruths Lockenköpfchen auf die Strohröhre herab, die vor ihm im Glase steckte: »So trinkt ›Er‹ Limonade.« »Er« hängt im mächtigen Rahmen im Zimmer ihrer Muttertragödin (Beß Brenk) und immer steht Ruth vor seinem Angesicht und besieht es sich, ob es auch noch so macht wie »sie«. In Klein-Ruth schlägt das große Ibsenherz, und als Ibsen sein Puppenheim schuf, pochte sicher ein kleines Anhängsel an seinem schweren Schlag, ein Goldherzchen, in dessen Mitte ein himmelblaues Perlchen rauschte. Ruth springt vom Stuhl, tanzt in ihren niedlichen Goldkäferstiefelchen, die Röcke nach unten geglättet – nun hat sie ein langes Kleid an. Sie tanzt einen herablassenden, zurückhaltenden Tanz; da, als ob ein Sausevogel durch ihren Kopf fliegt – fort will ihre kleine Seele – ihre Beinchen sind ganz nackt; über Stühle und Tische hinweg – Ruth, Ruth! Ich glaube, sie sitzt oben auf dem Ast des jungen Baumes vor dem Caféhaus. Was soll man dazu sagen – Genie? Fort mit dieser alten Denkmalhülle, sie tut dem Kind weh, aber in ein Wunder wollen wir die wundervolle, kleine Ruth kleiden; in einem goldenen Bettchen soll Ruth schlafen und von einem goldenen Tellerchen und mit einem goldenen Löffelchen essen und auf dem Becher, aus dem Ruth fürder trinken soll, steht in Goldbuchstaben geschrieben: Ruth. Sie schüttelt den Kopf wie eine Herrscherin, ich glaube, sie ist beleidigt, nicht um der vielen goldenen Sachen wegen, der Ober hat ihr Zucker schenken wollen; sie gleitet schwerfällig vom Stuhl, streckt den Leib wie eine Kugel vor, ihr Engelsgesichtchen bekommt Runzeln – »dicke Frau is satt«.

UNSER CAFÉ
Ein offener Brief an Paul Block

Sire, Sie möchten etwas aus unserem Café wissen, aber unser Café ist schon seit ungefähr Pfingsten nicht mehr unser Café. Gestern las ich in einer Chicagoer Zeitung, die mir meine Schwester aus Amerika sandte, schwarz auf weiß, warum unser Café nicht mehr unser Café ist, bitte hören Sie, Sire. »Früher war das Stelldichein all dieser ›Radikalen‹ das Café Größenwahn. Aber eines Tages verbot der Besitzer der Dichterin Else Lasker-Schüler, die zu diesem Kreise gehört, das Lokal, weil sie nicht genug verzehre. Man denke! Ist denn eine Dichterin, die viel verzehrt, überhaupt noch eine Dichterin? Sie empfand das mit Recht als eine unerhörte Beleidigung, als schimpfliches Mißtrauen gegenüber ihrer dichterhaften Echtheit. Ebenso dachten die anderen. Daher verließen sie empört das Lokal.«

Ob das alles nun wortgetreu wiedergegeben ist, — jedenfalls begab sich die Schreckenstat an einem Sonntag, meine Seele wurde Werktag, bäumte sich auf und sehnte sich nach Revolution. Kein Vers, keine Stimmung, kein Pathos, nicht der schäumendste Überschwang hatte unsere Gemeinschaftlichkeit so fädenverstrickt zusammengerollt, wie diese unerhörte Begebenheit; Herr Café-des-Westens hatte mir, uns allen, das Betreten seines Cafés ein für allemal untersagt. Ungeheuer! Allerdings, wenn ich auch nichts verzehrt hätte. Aber dem war nicht so, ich war gerade im Begriff, meine zweite Bestellung zu entrichten, Schokolade mit Sieb (da ich die Haut nicht mag), als Herr Café-des-Westens aus einer Ecke auf mich Lesende losstürmte und rief: »Es geht nicht, daß Sie hier sitzen bleiben, ohne etwas zu verzehren!!!« Neben mir saß mein Reichskanzler

Bisam O. Er ist feig, aber seine rosa Haare standen Hügel, wurden brandrot und sprühten Feuer. Dann kamen hintereinander meine verehrten Freunde, die Häuptlinge und die Schlacht begann.

Soll ich Ihnen nun noch über die früheren Ereignisse dieses Cafés erzählen oder genügt es, wenn ich Ihnen sage, Sire, daß wir dort die schönsten Abende, namentlich zu Zeiten Lublinskis, erlebten; den haben wir alle kolossal verehrt, und er lachte selbst herzhaft, wenn ihn der »Blümner« nachahmte. Unser Zorn liegt nun über dem Café des Westens wie über einem verlorenen Paradies, in dem wir nicht sündigten, aber das an uns sündigte. Als wir auf der Straße standen, gedachten wir mit Wehmut des Gründers unseres verlorenen Cafés. Herr Rocco hatte es sich als besondere Freude angerechnet, daß wir Künstler in seinen Räumen verkehrten; wir Künstler haben sozusagen das Café des Westens mit auf die Welt gebracht, wir Künstler haben ihm das erste Feierkleid geschenkt, wir Künstler haben es zur Königin aller Cafés erhoben! Einer von uns hielt diese Rede in die Nacht hinaus, ich glaube, ich war's, und den Chor gaben meine tiefergriffenen Kameraden und Kameradinnen. Allerdings war Rocco kein Bär, noch nicht einmal ein Tanzbär, keinesfalls ein Brummbär. – – –

Nur einmal in der Woche treffen wir uns nun Konditorei Josty am Zoo, wir wollen keine Kaffern mehr sein. Auf einer Erhöhung sitzen wir an zwei Tischen, und Sonnabend halten wir Geheimsitzung. (Unter Diskretion, bitte.) Wir wollen Herrn Café-des-Westens zwingen, sich zu entleiben, ich schlage vor, mit dem Cafélöffel. Bitte, hochverehrter Sire, kommen Sie doch unverhofft einmal, aber machen Sie sich keine Illusionen. Wir sind ganz leise und flüstern, scheint's, nur so von Mund zu Mund, lauter Spielereien. Wäre doch einmal nur einer größenwahnsinnig. Hysterisch sind nur Dilettanten. Manchmal aber reißt einer unseres Stammes schnaubend die Türe der Konditorei Josty um Mitternacht auf, den Tubutsch im Gewande. Doch unsere größte Überraschung bleibt, wenn unser Sänger kommt, der Dresdener Hofopernsänger Franz Lindner. Aus der Liedertafel holte ihn mein Heimatfreund Paul Zech. Noch sitzt überfließender Tenor in seiner Kehle, er muß uns den Rest weich über den Tisch herüber singen. Dann kommt eine innige Freude des Beisammenseins über uns, denn wir Künstler sind Kinder.

MARIE BÖHM

Ecke Französische und Charlotten-Straße lachen aus
einem der Glaskästen schöne, weiße Zähne, zwischen fri-
schen Lippen in Mädchengesichtern. Manche von den
jungen Schauspielerinnen offenbaren ihre ureigene Bega-
bung, denn ihre Perlmutterhecken sind gar nicht erschaf-
fen, am Abend hinter zuckenden Lippen versteckt zu
schimmern. Über dem Atelier von Marie Böhm scheint
auch der Himmel zu heiter; die wundervolle Photogra-
phin kann nicht genug Vorhänge über die Sonne ziehen,
die macht immerfort ein freundliches Gesicht. Marie
Böhm ist die Eigentümerin des kunstphotographischen
Ateliers Becker und Maaß. Man kann sich ohne Gefahr
vor Entstellung vor ihren Apparat begeben. Marie Böhm
weiß im richtigen Augenblick den Blick vom Auge zu neh-
men. »Der nichtssagendste, ausdruckloseste Mensch hat
einen Augenblick, den muß man eben festhalten.« Ihre lie-
ben, blauen Augen strahlen, als sie das antwortet. Ich ver-
stecke mich unter einem Tisch hinter langen Laubgewäch-
sen, um einige Aufnahmen zu beobachten. Daß das nicht
angehe, meint Fräulein Böhm – schon naht das Brautpaar,
ich rufe ihr aus meiner Lage zerstreut zu, sie soll sagen –
im Fall – ich bin Arzt und interessiere mich für neuartige
Operationen. Diese Ideenverwirrung stammt von meinem
Vater her, er verwechselte immer das Zahnziehen mit dem
Photographierenlassen. Beides hat so was mit dem Heraus-
holen zu tun – und – »der eine Augenblick«. Marie Böhm
aber hat keine Zange in der Hand. Bräutigamundbraut-
umschlungen sitzen die beiden auf der Bank und drehen
ihr den Rücken zu; ihre Gesichter blicken sich auf einmal
nach etwas um. Ob sie mich quaken hören aus meiner
Froschperspektive? – »Danke!« Zweite Aufnahme. – Für

die Photographin müßte es auch eine Welt geben aus gediegenem Silberoxyd im Krinolin. Das Album ist aus der Mode gekommen, darin sich das photographierte Onkeltantengeschlecht zum Aufblättern befand; es stirbt nicht aus. In Schalen liegen all die Pietäten, Frauen, die sich auch schon Löckchen drehten. Nun sind unsere Kleidersäcke zugebunden. Auf den spätverwandten Bildern stehen die Röcke weit in Runden. Ihre Augen aufgetan in Todesangst – den Augenblick zu greifen, heute hascht ihn die Photographie wie einen Schmetterling vom zwanglosen Sichgehenlassen. Und gerade meine liebe Marie Böhm ist eine so große Photographin – sie photographiert auch ohne Apparat gerade mitten in der Sonne mit geschlossenen Augen, wie der Maler malt ohne Pinsel im Spazierengehen, im Augenblick, im Nachsinnen. Wenn ich ihr gegenüber sitze, wartet sie auf die Falte zwischen meinen Brauen.

EIN AMEN

Einmal, als ich sie besuchte, malte jemand ihre Hand –
eine schmale Dolde am Ast, eine Seele, die blühte. Ellen
Neustädter spielt nicht zur Schau; ihr Spiel ist eine tiefe
Dichtung. Die Bühne fängt die Geschehnisse ihres Her-
zens auf und reicht sie dem Besucher, ein vielköpfiges
Ganzes. Sie gibt dem Gemach oder der Landschaft die
Farbe, und ihr Odem ist überall. Die Damen vom künst-
lerischen Theater in Moskau könnten ihre Schwestern
sein; die haben allerdings ihre Partner, ihre Zugehörigkeit.
Ellen Neustädter hat nur einen gleichwertigen Bruder in
Berlin: Oskar Sauer. Warum trennt man das rechtmäßige
Spielerpaar? Klein Eyolfs Eltern sind sie. Schwere, hehre
Paradiesstimmung, düstere Ernte. Eine Engeline: Ellen
Neustädter; der Erzengel unter den Schauspielern ist
Oskar Sauer. Was ihre Lippen bringen, ist Kunst aus
Segen gewölbt. Sein Spiel segnet, ihr Spiel belohnt; ist ihr
Wesen aus Glas, sein Wort aus Stahl. Immer erzwingt die
Gabe der beiden Wunderkünstler ehrfürchtige Anbetung.
Es schneite draußen weiße Sterne. Oskar Sauer war seinen
Leiden erlegen in »Nora«. Ich stand noch lange nach
Schluß der Vorstellung am Theatertor – ich bildete mir
ein, er sei wirklich gestorben. Auch heute wagte ich mich
nicht stürmisch zu begeistern. Ellen Neustädters Seele ist
eine zagende Dolde. Durch die lange Theaterabendstraße
ging ich auf Zehen heimwärts, denn mein Herz träumte
noch. Genial ist das Unantastbare, Erzengel ist alles
Genie, es erlöst vom Täglichen, bringt Verlorenheit und
Seligkeit zugleich.

EGON ADLER

Meine Spelunke verwandelt sich zum türkischen Café, wenn er und ich zusammen Zigaretten rauchen und wir von den Wänden für unsere Häupter die beiden Fez herunterholen, die auf die Griffe meiner Dolche gestülpt sind.

Einer der Söhne des gefangenen Abdul Hamid, der begabteste jedenfalls, ist der Maler und zur Mokkastunde der Gast meiner Palastspelunke. Wir sprechen (in der Zeit der Abendhimmel alle seine goldenen Bilder aufs Dach stellt) von roten, blauen, grünen und lila Dingen. Ich rate Egon Adler: »Sie müssen immer nur Ihr Selbstbildnis malen.«

Er ist so ganz Eigen, ganz Sich, und sein Herz in einem Rahmen. Aber in seinem Herzen liegt sein jungverstorbener Bruder begraben, und innige Gestalt schafft des Malers Hand, wenn der Engel seiner Erinnerung aufersteht.

Zwischen den Farben liegt er dann plötzlich – Stern zwischen Zinnober und Marin auf der Palette für die großen Pinsel. Alle Bilder Egon Adlers sind Spiele, sind süß, haben großgeöffnete Augen, sind ganz in Gottes Vaterhand und rufen.

Sein Mariengemälde holte ich mir aus einer dunklen Ecke des Ausstellungssaales ans Licht: »Träume, säume Marienmädchen, überall bläst der Rosenwind die schwarzen Sterne aus; wiege im Arme dein Seelchen – alle Kinder kommen auf Lämmern hottehotte geritten, Gottlingchen sehen und die schönen Schimmerblumen und den großen Himmel da im kurzen Blaukleide.«

Aber auch die drei Könige sind gekommen; einer sitzt auf des anderen Schulter, der höchste trägt ein Krönchen, ist des Malers Bruder und will Mariens heiliges Spielzeug haben.

Auf Egon Adlers unvergleichlichem Schöpfungsbilde
steht sein Brüderchen verzaubert als Mantelkranich mit-
ten auf der Wiese und macht den frechen, kleinen Vögeln
bange. Als Reiter reitet er auf dem langausschreitenden
Reiterpferd durch den Wald über die Wege aus bunten
Fahnenstreifen.

Immer muß Egon Adler die Geschichte des unvergeß-
lichen Bruders in Farben erzählen, der ist der Memed sei-
nes Mohammedherzens.

Hinter den Paradiesbäumen, in den Schornstein seiner
Stadtbilder, überall hat sich der kleine Bruder versteckt; er
ist es, der den Glorienschein um die Heiligenlocken der
Jüngergestalten seines älteren, malenden Bruders anzün-
det.

Das sich wiegende Blatt der Palme, auf dem Treibhaus-
gemälde ist der Kleine, seine Seele leuchtet im Stein des
Ringes am Finger des japanischen Schauspielers.

Elfjährige Kinderaugen gucken unter der Stirn des
Selbstbildnisses von Egon Adler und erhöhen es zum
Selbstantlitz. Und in den Wolken tummelt er sich als
Mond.

Ewig ist Egon Adlers Malerei, ein Engel lebt in seinem
Herzen und hängt seinen Schöpfungen Flügel an.

RUDOLF BLÜMNER

Den Mephisto spielt er jeden Abend, eine Privatvorstellung im Freundeskreis. Ohne witzelnde Fußspitzenpose – der Doktor hat Humor, der im Kranichschritt mit dem Schwermutflügel einherschreitet. Wenn er nicht kommt, sind wir alle belämmert; die gretchenblondesten Mädchenköpfe freuen sich, wenn der Mephisto endlich doch kommt. Er versteht Greisengesichtern lächelnde Jünglingsaugen einzusetzen, wenn er bei Laune ist und sein Herz mit übersprudelndem Schalkwillen vorträgt. Wehe aber, wenn er durch die Türe kommt, und sein Hut sitzt schief in die Stirne gedrückt – es regnete –, er konnte heute kein Luftbad nehmen, ein paar Sätze von der Galle, mehr hören wir nicht. Aber seine Galle ist kariert. Nie war ein Hut so mit seinem Kopf verwandt, wie Doktor Blümners Hut. Der ist ein Mime, durchblutet mit den Eigenarten seines Trägers. Unter Hunderten würde ich den Hut des Doktors herausfinden, namentlich aber dann, wenn der Rand seines Panamas lacht; er sitzt rund hinten im Genick. Etwas muß der Doktor heut' ausführen, ich warte am liebsten mitten im Zimmer, wenn er Klavier spielt, ich kann dann so mit seinen Späßen laufen – er spielt eine eigenvertonte Polonäse, er führt sie an. Seine Finger springen wie ungezogene Jungen über die Tasten, schlagen Kobolz, zanken sich; plötzlich steht er gravitätisch auf: »Der Schlaf erwartet mich!« Aber in Wirklichkeit steht der Vollmond vor seinem Fenster, hinter dem Ohr einen Federkiel. Der Doktor muß noch einen Essay schreiben. Seinen Lehrer im Frühlingserwachen – wer kann ihn je vergessen und die Grazie des Ricco in Minna von Barnhelm. Er ist der Aristokrat des großen Schelmenspiels. Aber auch sehr oft beliebt es dem Doktor, sein ernstes

Wesen dem Publikum zu schenken; es steht ihm am bes-
ten; kehrt es ein – kommt es hervor aus seinem tiefsten
Herzensschatten. In diesem Monat hält der Doktor wie-
der einen Vortrag, es sind die schönsten Abende, gol-
dene Atrappen mit überraschendem Inhalt. Als er die
Geschichte der Schneider von Keller vorlas, glaubte ich,
die drei zum Schluß verschwinden zu sehn aus dem Saal.
Er machte nämlich auch ein Gesicht, als ob sie ihm weg-
gelaufen wären. In seinem feinen Profil ist seine schöne
Nase tragisch geschnitten nach Gemmenart. Das Leben
fällt gelassen vor ihm.

HANS HEINRICH VON TWARDOWSKY
Seinem treuen Freund Moritz Seeler

Hans Heinrich, der liebenswürdige Parodiendichter und Schauspieler, trug vor einigen Tagen zum wiederholten Male dem entzückten Publikum seine Verse vor; nun schenkt er sie in einem Buch aufbewahrt allen denen, die Freude an seinen Gedichten hatten. Bunte lachende Schelme, geschmückt mit Rittersporn und Rosmarin, taumeln über seine Lippen liebentlang, keinem der Heimgesuchten und Versuchten verletzend auf die Nerven fallend, aber sicher ihr Ziel erreichend. Ein schwärmender Prinz Carneval ist Hans Heinrich, ein gerüsteter Pierrot, begleitet von seinem Knappen, der ihm das Rosenblatt trägt.

Auf der Düne, die weit ins Meer führt, begegnete ich dem entschlossenen siebzehnjährigen, abtrünnigen Hans Heinrich, er widersetzte sich standhaft seiner Familie und antwortete auf ihre Forderungen in Knittelverschen, die er den einzelnen Mitgliedern in Knallbonbons übersandte. Nur seiner Mutter Zustimmung zum Schauspielerberuf gewann der hingebende Jüngling durch Küsse.

Wir gründeten am Strand des Ozeans eine Filiale des Deutschen Theaters; das heißt, wir trafen uns gemeinschaftlich mit noch einigen verlorenen Söhnen und Töchtern zur Tausendundeinernachtstunde und spielten Shakespeares »Richard«, den »Carl Moor« und eigene Räuber. Aber auch Ibsens Gestalten wußte Hans Heinrich wundervoll zu beleben. In seiner Glanzrolle der »Hedda Gabler« bewunderte ich ihn allabendlich, er erinnerte mich an den japanischen Schauspieler des asiatischen, künstlerischsten Schauspielvolks, das, indem es die weibliche Hauptrolle vom »Schauspieler« darstellen läßt, mit doppelt kraftvollem Akkord das Feminine betont und zu gleicher Zeit entwirklicht. Den schlanken, weiblichen, jungen General, die Tochter Gablers spielt Hans Heinrich charmant, gebieterisch und voll Charme. Er kann die älteste Exzellenz, seinen Vater im Grabhimmel, doch nicht verleugnen.

Das Meer rauschte unaufhörlichen Beifall, wenn auch ohne Ovationen, es brachte keine Muscheln von der Reise mit, Seeteufelchen und Spuk, Wasserspielzeug, wie die Nordsee, wo ich dem Hans Heinrich schon einmal begegnete, in der Sonne gelähmt im Wagen sitzend. Alle Leute verwöhnten den schönen Jungen mit den traurigen feinen Augen, die blaue Spur lassen. Namentlich die Frauen, die er aber auch wie ein Süßweinkenner bis in den kleinsten Tropfen richtig beurteilt. Ich denke gern an unsere Streiche in Warnemünde, wenn wir die schlafenden Badegäste durch Scheinbrände in Panik versetzten. Am liebsten bestiegen wir die Kanzel der Dorfkirche, unsere Gedichte einem andächtigen Mütterchen vorzutragen, das mit frommem Besen und seligem Staubtuch den Altar und die Bänke säuberte. Sie glaubte an unsere frommen Verse wie an den heiligen Christophorus, der das Kind, »die Welt«, erklärte uns die liebe, armselige Frau, auf dem Rücken trage. Und sie lobte unsere Predigten, die so weich aus unserem Munde kämen.

ANHANG

INHALTSVERZEICHNIS

REGISTER DER TITEL & ANFÄNGE

EDITORISCHE NOTIZ

Angestrebt wurde eine Gesamtausgabe der Gedichte und Essays von Else Lasker-Schüler. Als Textgrundlage dieser Neuausgabe dienten die Erstausgaben und die zu Lebzeiten der Dichterin in Buchform veranstalteten Neuausgaben und Sammelbände, die jeweils auf den Zwischentiteln nachgewiesen sind.

Die »Verstreuten Gedichte« standen in Zeitungen und Zeitschriften wie »Berliner Börsen-Courier«, »Berliner Tageblatt«, »Das junge Deutschland«, »Das Magazin für Litteratur«, »Der Brenner«, »Der Drache«, »Der Sturm«, »Die Aktion«, »Die Dame«, »Die Gesellschaft«, »Die weißen Blätter«, »Die Weltbühne«, »Frankfurter Zeitung und Handelsblatt«, »Israelitisches Wochenblatt für die Schweiz«, »Neue Zürcher Zeitung« u. a. sowie in Prosa-Werken der Dichterin aus den Jahren 1899 bis 1945.

Titel mit einem nachgestellten * (Asterisk) stammen von den Herausgebern.

ELSE SCHÜLER, geboren am 11. Februar 1869 in Wuppertal-Elberfeld, gestorben am 22. Januar 1945 in Jerusalem.
Das Wunderkind der Familie kann als Vierjährige lesen und schreiben; heiratet 1894 Dr. med. Jonathan Berthold Lasker, in zweiter Ehe, 1903–1912, den Schriftsteller Georg Lewin, als Herwarth Walden Herausgeber des avantgardistischen »Sturm«, Anschluss an die literarische Szene in Berlin, Umgang mit Richard Dehmel, Theodor Däubler, Otto Julius Bierbaum, Karl Kraus, Alfred Döblin, René Schickele, Franz Marc, Georg Trakl, Franz Werfel, Gottfried Benn, Klaus und Erika Mann; Thomas Mann besucht ihre Lesung in Zürich. Sie wird geliebt und bewundert, unterstützt und gefördert. Nur Walter Benjamin findet sie »leer und krank – hysterisch«. Und Franz Kafka fühlt bei ihren Gedichten »nichts als Langeweile. Aber vielleicht irre ich da gründlich, es gibt viele, die sie lieben, Werfel spricht von ihr nur mit Begeisterung.«
Die Dichterin über sich selbst:

> »Ich denk zu schnell. Vielleicht schreib ich Unsinn,
> aber das schadet ja nichts.«

ÜBER
ELSE LASKER-SCHÜLER

»Nicht oft genug kann diese taubstumme Zeit, die ihre wahren Originale begrinst, durch einen Hinweis auf Else Lasker-Schüler gereizt werden, die stärkste und unwegsamste lyrische Erscheinung des modernen Deutschland.« *Karl Kraus*

»Das ist nichts für den braven Bürger, selbst wenn er ein Freigeist sein sollte, der sogar erotische Extravaganzen gestattet. Else Lasker-Schüler hat diese Seite des Frauenlebens mit echter Unbefangenheit ausgesprochen, so dass sie dem Zorn der Zionswächter nicht entging. Aber die Erotik stellt nur ein Element in ihrem Gefühlsleben dar, das einen unendlich weiteren Umkreis umspannt.« *Samuel Lublinski*

»Die größte Lyrikerin, die Deutschland je hatte. Ihre Themen waren vielfach jüdisch, ihre Phantasie orientalisch, aber ihre Sprache war deutsch, ein üppiges, prunkvolles, zartes Deutsch, eine Sprache reif und süß, in jeder Wendung dem Kern des Schöpferischen entsprossen.« *Gottfried Benn*

»Ich gehe hier oft ›in den Spuren‹ der Lasker-Schüler, buchstäblich. ›Das verschrumpelte Weiblein‹, dass sie so ne grosse Dichterin war, wussten alle und verziehen ihr den Pelzhut (›Tiger – hab ich selbst geschossen!‹) zu den Maskerade-Hosen. Herrliche Dinge weiss ich über sie.«
Mascha Kaléko aus Jerusalem an Kurt Pinthus

LYRIK IM HAFFMANS VERLAG
BEI ZWEITAUSENDEINS

DIE LIEBENDEN DEUTSCHEN
645 entflammte Gedichte aus 400 Jahren.
Herausgegeben von Steffen Jacobs.

DIE KOMISCHEN DEUTSCHEN
881 gewitzte Gedichte aus 400 Jahren.
Herausgegeben von Steffen Jacobs.

DIE FEIERNDEN DEUTSCHEN
669 festliche Gedichte durch den Tag,
durch das Jahr und durch das Leben.
Ausgesucht von Fritz & Katinka Eycken.

CHARLES BAUDELAIRE
DIE BLUMEN DES BÖSEN
»Les fleurs du mal«
in der Nachdichtung von Stefan George.

WILHELM BUSCH
DIE GEDICHTE
Herausgegeben und mit einem Nachwort
»Ein deutscher Klassiker der Komik«
von Gerd Haffmans.

GOETHE
DIE LIEBESGEDICHTE
Ein Handbüchlein der angewandten Poesie.
Herausgegeben von Fritz & Katinka van Eycken.

HEINRICH HEINE
DAS POETISCHE WERK
Alle Gedichte und Erzählungen, Aphorismen,
Memoiren & Testamente.
Herausgegeben von Fritz & Katinka van Eycken.

ELSE LASKER-SCHÜLER
DIE GEDICHTE & ESSAYS
Getreu nach den Erstausgaben
herausgegeben von Katinka & Fritz van Eycken.

CHRISTIAN MORGENSTERN
DIE GALGENLIEDER
Herausgegeben von Gerd Haffmans.

RAINER MARIA RILKE
DAS DICHTERISCHE WERK
Alle Gedichte und erzählende Prosa.
Herausgegeben von Fritz van Eycken.

JOACHIM RINGELNATZ
DIE GEDICHTE
Getreu nach den Erstausgaben
herausgegeben von Fritz & Katinka Eycken
mit Jakob Winter.

PETER RÜHMKORF
SELBST III/88 · AUS DER FASSUNG
Die Dokumentation der Entstehung & Vollendung
eines Gedichts.

LUDWIG THOMA
DIE GEDICHTE
Alle Gedichte aus dem »Simplicissimus«.

KURT TUCHOLSKY
DIE GEDICHTE
Vollständigste Einzelausgabe
von »Fromme Gesänge«
bis zu den Chansons aus dem Nachlass,
vorgelegt von Petra Panter & Toby Tieger.

OSCAR WILDE
DIE PROSAGEDICHTE
In »Die Erzählungen & Die Prosagedichte«.
Neu übersetzt von Eike Schönfeld.

www.Zweitausendeins.de